새로운 도서,
다양한 자료
동양북스
홈페이지에서
만나보세요!

www.dongyangbooks.com
m.dongyangbooks.com

홈페이지 도서 자료실에서 학습자료 및 MP3 무료 다운로드

PC

❶ 홈페이지 접속 후 **도서 자료실** 클릭
❷ 하단 검색 창에 검색어 입력
❸ MP3, 정답과 해설, 부가자료 등 첨부파일 다운로드
* 원하는 자료가 없는 경우 '요청하기' 클릭!

MOBILE

* 반드시 '인터넷, Safari, Chrome' App을 이용하여 홈페이지에 접속해주세요. (네이버, 다음 App 이용 시 첨부파일의 확장자명이 변경되어 저장되는 오류가 발생할 수 있습니다.)

❶ 홈페이지 접속 후 ☰ 터치

❷ **도서 자료실** 터치

❸ **하단 검색창에 검색어 입력**
❹ MP3, 정답과 해설, 부가자료 등 첨부파일 다운로드
* 압축 해제 방법은 '다운로드 Tip' 참고

미래와 통하는 책

가장 쉬운 독학
일본어 첫걸음
14,000원

버전업! 굿모닝
독학 일본어 첫걸음
14,500원

일단 합격하고 오겠습니다
JLPT 일본어능력시험 N3
26,000원

일본어 100문장 암기하고
왕초보 탈출하기
13,500원

가장 쉬운 독학
중국어 첫걸음
14,000원

가장 쉬운 중국어
첫걸음의 모든 것
14,500원

일단 합격 新HSK
한 권이면 끝! 4급
24,000원

중국어
지금 시작해
14,500원

영어를 해석하지 않고
읽는 법
15,500원

미국식
영작문 수업
14,500원

세상에서 제일 쉬운
10문장 영어회화
13,500원

영어회화
순간패턴 200
14,500원

가장 쉬운 독학
베트남어 첫걸음
15,000원

가장 쉬운 독학
프랑스어 첫걸음
16,500원

가장 쉬운 독학
스페인어 첫걸음
15,000원

가장 쉬운 독학
독일어 첫걸음
17,000원

동양북스 베스트 도서

THE
GOAL 1
22,000원

인스타
브레인
15,000원

직장인, 100만 원으로
주식투자 하기
17,500원

당신의 어린 시절이
울고 있다
13,800원

놀면서 스마트해지는 두뇌 자극
플레이북 딴짓거리 EASY
12,500원

죽기 전까지
병원 갈 일 없는 스트레칭
13,500원

가장 쉬운 독학
이세돌 바둑 첫걸음
16,500원

누가 봐도 괜찮은 손글씨 쓰는
법을 하나씩 하나씩 알기 쉽게
13,500원

가장 쉬운 초등 필수 파닉스
하루 한 장의 기적
14,000원

가장 쉬운 알파벳 쓰기
하루 한 장의 기적
12,000원

가장 쉬운 영어 발음기호
하루 한 장의 기적
12,500원

가장 쉬운 초등한자 따라쓰기
하루 한 장의 기적
9,500원

세상에서 제일 쉬운
엄마표 생활영어
12,500원

세상에서 제일 쉬운
엄마표 영어놀이
13,500원

창의쑥쑥 환이맘의
엄마표 놀이육아
14,500원

말하기·듣기·쓰기로 기초 마스터
탄탄하고 체계적인 중국어 학습 프로그램

똑똑 중국어

STEP 2

정애란, 裴永琴 지음

동양북스

똑똑
중국어
STEP 2

초판 인쇄 | 2022년 6월 25일
초판 발행 | 2022년 7월 5일

지은이 | 정애란, 裴永琴
발행인 | 김태웅
기획 편집 | 양수아
디자인 | 남은혜, 신효선
마케팅 | 나재승
제 작 | 현대순

발행처 | (주)동양북스
등 록 | 제 2014-000055호 (2014년 2월 7일)
주 소 | 서울시 마포구 동교로22길 14 (04030)
구입 문의 | 전화 (02)337-1737   팩스 (02)334-6624
내용 문의 | 전화 (02)337-1762   dybooks2@gmail.com

ISBN 979-11-5768-811-1 14720
ISBN 979-11-5768-788-6 (세트)

언어는 인간 상호 간의 의사소통을 위한 수단이며 이러한 언어를 구현하는 데 있어 음성과 문자는 불가결한 요소입니다. 고로 언어는 인간 사회의 매개체이자, 사회생활의 도구라 볼 수 있습니다. 현대 중국어를 학습하는 데 가장 중요한 발음, 문자, 어법 등의 항목을 체계적으로 정리하여 중국어를 처음 접하는 기초 학습자들이 재미있게 접근할 수 있도록 구성했습니다.

본 교재는 중국어 입문자를 위하여 발음 학습 과정을 더욱 강화하고 일상생활에 꼭 필요한 표현만 모아 짧지만 알찬 회화를 구성하였습니다. 또 회화와 어법을 통해 기초적인 개념을 확립하고 배운 단어와 문형을 반복적으로 사용함으로써 중국어 실력 향상에 도움을 줄 수 있도록 하였습니다. 아울러 체계적인 반복 학습으로 말하기, 듣기, 쓰기 영역을 골고루 학습할 수 있도록 설계하였습니다.

오늘날 우리는 경쟁력을 갖춘 멀티형 인재를 요구하는 시대에 살고 있기 때문에 외국어 능력은 선택이 아닌 필수 조건이라 할 수 있습니다. 본 교재를 통해 중국에 대한 이해도를 높이고 중국어의 전반적인 지식을 습득하고 역량을 갖춰 전문적이고 글로벌한 인재로 성장할 수 있기를 기대합니다.

끝으로 이 교재를 집필하도록 도와주신 동양북스 출판사 여러분들에게 진심으로 감사의 말씀을 드립니다.

저자 일동

3

차례

제목	학습 목표	학습 내용	중국 문화
01 你考得怎么样? 시험 본 거 어때?	동작의 정도를 묻고 대답할 수 있다.	1 상태보어 2 동사 需要 3 동사 + 一下 4 어기조사 了(1)	중국의 십이생초
02 你选了几门课? 너 몇 과목 수강 신청했니?	동작의 실현과 완료를 나타낼 수 있다.	1 동태조사 了 2 정도부사 太 3 조동사 可以	结草报恩 결초보은
03 我每天学习四个小时。 나는 매일 네 시간씩 공부해.	시간의 양을 나타낼 수 있다.	1 시량보어 2 多长时间 3 양사 一点儿	静夜思 정야사
04 我正在写作业呢。 나는 과제하고 있어.	동작의 진행을 나타낼 수 있다.	1 동작의 진행 2 부사 有点儿 3 부사 已经	对牛弹琴 대우탄금
05 药吃完了。 약 다 먹었어.	상황의 변화를 나타낼 수 있다.	1 부사 不要 2 결과보어 完 3 어기조사 了(2)	春夜喜雨 춘야희우
06 我要订七月四号的房间。 7월 4일 객실 예약을 하려고 해요.	예약을 할 수 있다.	1 什么时候 2 개사 从…到… 3 부사 最好 4 결과보어 好	愚公移山 우공이산

미리 보기

학습 목표를 확인하고 학습 내용을 미리 파악할 수 있습니다.

단어

실전 대화와 어법 포인트의 새 단어를 모아 정리했습니다. 본격적인 학습에 앞서 먼저 단어를 익히고 실전 대화 속 내용을 파악할 수 있습니다.

실전 대화

실제 중국인이 자주 사용하는 핵심 표현을 짧고 간결한 문장으로 구성하였습니다. 실전 대화 속 문장을 따라 읽으며 중국어를 재미있게 학습할 수 있습니다.

어법 포인트

실전 대화 속 주요 어법을 간단한 설명과 예문으로 쉽게 이해할 수 있습니다.

확장 연습

문장의 어순을 확장형으로 보여 줌으로써 구조를 한눈에 파악하고 어순을 쉽게 익힐 수 있습니다.

듣기&말하기 연습

본문에서 배운 내용을 듣기 문제와 말하기 문제로 풀어보는 코너로, 청취 능력과 발화 능력을 향상시킬 수 있습니다.

플러스 어휘

본문의 내용과 관련된 다양한 표현을 익힐 수 있습니다.

중국 문화

중국의 고사성어와 시를 통해 중국 문화에 대한 이해도를 높일 수 있습니다.

워크북

다양한 연습 문제를 통해 쓰기 능력을 향상시킬 수 있습니다.

- 음원 QR을 인식하면 MP3 음원을 바로 들으실 수 있습니다.
- 동양북스 홈페이지(https://www.dongyangbooks.com)에서 MP3 음원을 무료로 다운받으실 수 있습니다.

음원 QR　　홈페이지 QR

일러두기

품사 약어

대명사	대	명사	명	동사	동
조동사	조동	형용사	형	부사	부
개사(전치사)	개	양사	양	수사	수
접속사	접	조사	조	접미사	접미

고유명사 표기

지명의 경우, 중국어 발음을 한국어로 표기하는 것으로 한다. 그러나 한자 독음이 더 친숙한 고유명사는 한국식 한자 독음으로 표기한다.

예 北京 Běijīng 베이징　　颐和园 Yíhéyuán 이화원

인명의 경우, 한국 사람의 이름은 한국어 발음으로, 중국 사람의 이름은 중국어 발음으로 표기한다.

예 金东沅 Jīn Dōngyuán 김동원　　王京 Wáng Jīng 왕징

등장 인물

Wáng Jīng	Jīn Dōngyuán	Zhāng Mín	Liú Tíngting	Jīn Nánjùn
王京	金东沅	张民	刘婷婷	金南俊
중국인/대학생	한국인/대학생	중국인/대학생	중국인/대학생	한국인/대학생

01

你考得怎么样?

시험 본 거 어때?

학습 목표

동작의 정도를 묻고 대답할 수 있다.

학습 내용

① 상태보어

② 동사 需要

③ 동사 + 一下

④ 어기조사 了(1)

단어

실전 대화

☐ 了 le 조 동작의 완료를 나타냄

☐ 得 de 조 동사나 형용사 뒤에서 결과나
　　　정도를 나타내는 보어를 연결함

☐ 考(试) kǎo(shì) 명동 시험(을 치다/보다)

☐ 级 jí 명 등급

☐ 那 nà 대 그러면, 그렇다면

☐ 放松 fàngsōng 동 느슨하게 하다,
　　　　정신적 긴장을 풀다

☐ 一下 yíxià 양 시험 삼아 해 보다

☐ 太 tài 부 너무, 지나치게

☐ 紧张 jǐnzhāng 형 긴장하다

☐ 没关系 méi guānxi 괜찮다, 문제없다

☐ 下次 xiàcì 명 다음번

☐ 需要 xūyào 동 필요하다, ~해야 한다

☐ 加油 jiāyóu 동 힘을 내다, 파이팅

어법 포인트

☐ 最近 zuìjìn 명 최근, 요즘

☐ 过 guò 동 보내다, 지나다

☐ 运动 yùndòng 명동 운동(하다)

☐ 帮忙 bāngmáng 명동 원조(하다),
　　　　도움(을 주다)

☐ 昨天 zuótiān 명 어제

실전 대화

Track 01-02

[대화1] 김동원과 왕징이 방학 동안에 무엇을 했는지 이야기한다.

Jīn Dōngyuán
金东沅
Jiàqī nǐ zuò shénme le?
假期你做什么了?

Wáng Jīng
王京
Jiàqī wǒ lǚyóu le. Wánr de hěn hǎo, nǐ ne?
假期我旅游了。玩儿得很好，你呢?

Jīn Dōngyuán
金东沅
Wǒ kǎo HSK sānjí le.
我考HSK三级了。

Wáng Jīng
王京
Nà wǒmen yìqǐ qù chī hǎochī de, fàngsōng yíxià ba.
那我们一起去吃好吃的，放松一下吧。

Track 01-03

대화2 왕징이 김동원에게 시험 결과가 어떤지 묻는다.

Wáng Jīng
王京
Nǐ kǎo de zěnmeyàng?
你考得怎么样?

Jīn Dōngyuán
金东沅
Wǒ tài jǐnzhāng le, méi kǎo hǎo.
我太紧张了，没考好。

Wáng Jīng
王京
Méi guānxi, xiàcì zài kǎo ba. Nǐ xūyào xiūxi yíxià!
没关系，下次再考吧。你需要休息一下！

Jīn Dōngyuán
金东沅
Hǎo ba.
好吧。

Wáng Jīng
王京
Jiāyóu!
加油！

어법 포인트

1 상태보어

상태보어는 술어의 뒤에 쓰여 동작의 상태나 정도를 보충 설명하는 역할을 하며 '상태(정도)가 ~하다'라고 해석한다. 일반적으로 술어 뒤에 得를 연결하여 [주어+술어(동사, 형용사)+得+상태보어]의 구조로 쓰인다.

▶예문

Nǐ zuìjìn guò de zěnmeyàng?
A 你最近过得怎么样? 요즘 어떻게 지내니?

Wǒ guò de hěn hǎo.
B 我过得很好。 나는 잘 지내고 있어.

Tā wár de hěn hǎo.
他玩儿得很好。 그는 잘 논다.

Wǒ xiūxi de bù hǎo.
我休息得不好。 나는 잘 쉬지 못했다.

2 동사 需要

바람, 의지, 필요성을 나타낼 때 쓰는 동사로 '필요하다', '~해야 한다'라고 해석한다.

▶예문

Nǐ xūyào xiūxi yíxià.
你需要休息一下。 너는 좀 쉬어야 해.

Māma xūyào yùndòng.
妈妈需要运动。 엄마는 운동을 해야 돼.

Wǒ xūyào xué Yīngyǔ.
我需要学英语。 나는 영어 공부를 해야 해.

Nǐ xūyào bāngmáng ma?
你需要帮忙吗? 뭐 좀 도와드릴까요?

어법 포인트

3 동사 + 一下

一下는 동사 뒤에 쓰여 동작을 가볍게 표현할 때 사용하며 '한번 ~해 보다', '좀 ~하다'라고 해석한다.

▶예문

Wǒ kàn yíxià.
我看一下。 내가 좀 볼게.

Wǒmen fàngsōng yíxià.
我们放松一下。 우리 스트레스 좀 풀자.

Nǐ tīng yíxià yīnyuè.
你听一下音乐。 너 노래 좀 들어 봐.

Nǐ shuō yíxià Hànyǔ.
你说一下汉语。 너 중국어 한번 해 봐.

4 어기조사 了(1)

어기조사 了는 문장 끝에 쓰여 동작의 완료와 실현을 나타낸다. 이때 간단한 목적어를 수반하며 了는 목적어 뒤에 위치한다.

동사	+	목적어	+	了

▶예문

Jīntiān wǒ kàn diànyǐng le.
今天我看电影了。 나는 오늘 영화를 봤다.

Jiàqī wǒ lǚyóu le.
假期我旅游了。 나는 방학 동안 여행했어.

Wǒ zài jiā kàn shū le.
我在家看书了。 나는 집에서 책을 봤다.

Nǐ zuótiān wǎnshang qù nǎr le?
你昨天晚上去哪儿了? 너 어제 저녁에 어디 갔었니?

확장 연습

1 시험 본 거 어때? 🖉

zěnmeyàng	怎么样
kǎo de zěnmeyàng	考得怎么样
Nǐ kǎo de zěnmeyàng?	你考得怎么样?

2 너는 좀 쉬어야 해. 🖉

xiūxi	休息
xiūxi yíxià	休息一下
xūyào xiūxi yíxià	需要休息一下
Nǐ xūyào xiūxi yíxià.	你需要休息一下。

3 나는 방학 동안 여행했어. 🖉

lǚyóu	旅游
lǚyóu le	旅游了
jiàqī lǚyóu le	假期旅游了
Jiàqī wǒ lǚyóu le.	假期我旅游了。

듣기 연습

1 다음 녹음을 듣고 주어진 단어의 올바른 발음을 골라보세요. Track 01-05

(1) 考　　kǎo　kāo

(2) 级　　jí　jī

(3) 加油　jiàyóu　jiāyóu

(4) 紧张　jǐnzhāng　jínzhāng

(5) 旅游　lǚyǒu　lǚyóu

(6) 需要　xūyào　xūyāo

2 다음 녹음을 듣고 내용과 일치하는 그림을 골라보세요. Track 01-06

(1) _____　　(2) _____　　(3) _____　　(4) _____

3 제시된 단어를 사용하여 그림의 상황에 알맞은 대화를 만들어 보세요.

(1)

Nǐ chàng de zěnmeyàng?
A 你唱得怎么样?

B ＿＿＿＿＿＿＿＿＿＿＿＿＿。 (很好)

A ＿＿＿＿＿＿＿＿＿＿＿＿＿。 (唱, 一下)

Hǎo ba.
B 好吧。

(2)

A ＿＿＿＿＿＿＿＿＿＿＿＿＿? (考, 怎么样)

Kǎo de hěn hǎo.
B 考得很好。

A ＿＿＿＿＿＿＿＿＿＿＿＿＿。 (休息, 一下)

Hǎo ba.
B 好吧。

(3)

Gāngcái nǐ zuò shénme le?
A 刚才你做什么了?

B ＿＿＿＿＿＿＿＿＿＿＿＿＿。 (打电话)

(4)

Yīnyuè hěn hǎo tīng!
A ＿＿＿＿＿＿＿＿＿。音乐很好听! (听, 一下)

Hǎo a!
B 好啊!

🔆 단어 ··

刚才 gāngcái 및 방금, 막

4 다음 대화에 밑줄 친 부분을 제시된 단어로 바꾸어 말해 보세요.

Nǐ kǎo de zěnmeyàng?

(1) **A** 你考得怎么样?

Wǒ kǎo de hěn hǎo.

B 我考得很好。

① 过 guò

很好 hěn hǎo

② 玩儿 wánr

非常好 fēicháng hǎo

③ 写 xiě

很好 hěn hǎo

Jiàqī nǐ zuò shénme le?

(2) **A** 假期你做什么了?

Jiàqī wǒ lǚyóu le.

B 假期我旅游了。

① 周末 zhōumò

看电影 kàn diànyǐng

② 今天 jīntiān

上课 shàngkè

③ 昨天 zuótiān

见朋友 jiàn péngyou

5 다음 제시된 단어를 활용하여 주제에 맞게 말해 보세요.

주제 아래와 같은 동작을 할 때 상태나 정도가 어떤지 설명하기

단어 동사 + 得　　好　　不好

(1) 说汉语　　(2) 跳舞　　(3) 做菜　　(4) 玩儿游戏

🔅 단어 ....

非常 fēicháng 🖳 대단히, 심히　写 xiě 🖲 쓰다　跳舞 tiàowǔ 🖲 춤을 추다　做菜 zuò cài 🖲 요리를 하다

20

플러스 어휘

➕ 운동

篮球 lánqiú
농구

棒球 bàngqiú
야구

足球 zúqiú
축구

台球 táiqiú
당구

乒乓球 pīngpāngqiú
탁구

羽毛球 yǔmáoqiú
배드민턴

网球 wǎngqiú
테니스

排球 páiqiú
배구

高尔夫球 gāo'ěrfūqiú
골프

游泳 yóuyǒng
수영

滑雪 huáxuě
스키

滑冰 huábīng
스케이팅

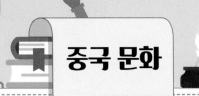

중국 문화

중국의 십이생초

서양권에 별자리 문화가 있듯이, 한국, 중국 등 동양권에는 띠 문화가 있다. 이를 한국에서는 '십이간지', 중국에서는 '십이생초(十二生肖, shí'èr shēngxiào)'라고 한다. 이것은 토템 사회에 인간이 동물을 숭배하는 것에서 비롯되었다고 볼 수 있는데, 우리나라에는 통일 신라 시대에 불교 문화와 함께 전래되었다. 십이생초는 땅을 지키는 열두 신장으로, 쥐(子), 소(丑), 호랑이(寅), 토끼(卯), 용(辰), 뱀(巳), 말(午), 양(未), 원숭이(申), 닭(酉), 개(戌), 돼지(亥) 등 12마리의 동물을 상징한다. 최초의 기록은 『수호지 진간(睡虎地秦简, Shuì hǔdì Qín jiǎn)』의 「일서(日书, Rì shū)」이다.

쥐(鼠, shǔ)

소(牛, niú)

호랑이(虎, hǔ)

토끼(兔, tù)

용(龙, lóng)

뱀(蛇, shé)

말(马, mǎ)

양(羊, yáng)

원숭이(猴, hóu)

닭(鸡, jī)

개(狗, gǒu)

돼지(猪, zhū)

02

你选了几门课?
너 몇 과목 수강 신청했니?

학습 목표

동작의 실현과 완료를 나타낼 수 있다.

학습 내용

① 동태조사 了
② 정도부사 太
③ 조동사 可以

단어

실전 대화

☐ 选 xuǎn 동 선택하다, 고르다

☐ 课 kè 명 (수업)과목, 수업, 강의

☐ 门 mén 양 과목[학문, 기술 등의 항목을 세는 단위]

☐ 多 duō 형 많다

☐ 还 hái 부 또, 더

☐ 专业 zhuānyè 명 전공, 전문

☐ 也 yě 부 ~도, 역시

☐ 可以 kěyǐ 조동 ~할 수 있다[가능이나 허가를 나타냄]

어법 포인트

☐ 贵 guì 형 (값이) 비싸다

☐ 接 jiē 동 받다

☐ 回答 huídá 동 대답하다

☐ 用 yòng 동 쓰다, 사용하다

☐ 笔 bǐ 명 펜, 필기 도구

실전 대화

대화1 김동원과 왕징이 수강 신청을 한다.

Jīn Dōngyuán
金东沅
Nǐ xuǎn le jǐ mén kè?
你选了几门课？

Wáng Jīng
王京
Xuǎn le wǔ mén. Nǐ ne?
选了五门。你呢？

Jīn Dōngyuán
金东沅
Wǒ xuǎn le qī mén.
我选了七门。

Wáng Jīng
王京
Nǐ de kè zhēn duō!
你的课真多！

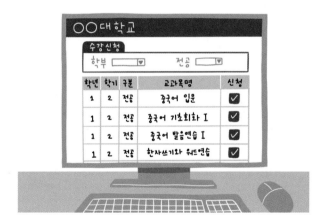

Track 02-03

대화2 왕징과 김동원이 선택한 과목에 대해 이야기한다.

Wáng Jīng
王京
Nǐ xuǎn le shénme kè?
你选了什么课?

Jīn Dōngyuán
金东沅
Wǒ xuǎn le yì mén Yīngyǔ kè, yì mén Hànyǔ kè, hái yǒu jǐ mén zhuānyè kè.
我选了一门英语课，一门汉语课，还有几门专业课。

Wáng Jīng
王京
Wǒ yě yào xuǎn Hànyǔ kè.
我也要选汉语课。

Jīn Dōngyuán
金东沅
Tài hǎo le. Wǒmen kěyǐ yìqǐ tīng Hànyǔ kè.
太好了。我们可以一起听汉语课。

어법 포인트

1 동태조사 了

동태조사 了는 동사 뒤에 쓰여 동작이나 상태가 완료되었음을 나타낸다. 목적어 앞에 수사와
양사를 동반할 때 了는 동사 바로 뒤에 위치한다.

동사	+	了	+	수량사(수사+양사)	+	목적어

▶예문

Wǒ xuǎn le sān mén kè.
我选了三门课。 나는 세 과목을 선택했다.

Tā jiàn le yí ge péngyou.
她见了一个朋友。 그녀는 친구를 만났다.

Wǒ mǎi le liǎng běn shū.
我买了两本书。 나는 책 두 권을 샀다.

Wǒ jīntiān hē le liǎng bēi kāifēi.
我今天喝了两杯咖啡。 나는 오늘 커피 두 잔을 마셨다.

2 정도부사 太

정도부사 太는 그 정도가 매우 지나치거나 심함을 나타내며 주로 불만족스러울 때나 감탄
혹은 칭찬할 때 사용한다. 보통 조사了와 함께 사용하며 '너무 ～하다'라고 해석한다.

▶예문

Tài hǎochī le.
太好吃了。 너무 맛있어.

Tài lèi le.
太累了。 너무 피곤해.

Tài kě'ài le.
太可爱了。 너무 귀여워.

Tài guì le.
太贵了。 너무 비싸.

어법 포인트

3 조동사 可以

조동사 可以는 가능이나 허락을 나타내며 '~할 수 있다', '해도 좋다'라고 해석한다.

▶예문

Nǐ kěyǐ jiē diànhuà.
你可以接电话。 전화 받아도 돼.

Nǐ kěyǐ huídá yíxià ma?
你可以回答一下吗? 네가 대답할 수 있니?

Wǒ kěyǐ yòng nǐ de bǐ ma?
我可以用你的笔吗? 내가 네 펜을 좀 써도 되니?

Wǒmen kěyǐ yìqǐ tīng Hànyǔ kè.
我们可以一起听汉语课。 우리 같이 중국어 수업 들을 수 있겠다.

확장 연습

1 너 몇 과목 수강 신청했니?

Track 02-04

xuǎn	选
xuǎn le	选了
xuǎn le jǐ mén kè	选了几门课
Nǐ xuǎn le jǐ mén kè?	你选了几门课？

2 우리 같이 수업 들을 수 있겠다.

tīng kè	听课
yìqǐ tīng kè	一起听课
kěyǐ yìqǐ tīng kè	可以一起听课
Wǒmen kěyǐ yìqǐ tīng kè.	我们可以一起听课。

3 나는 영어 수업 신청했어.

Yīngyǔ kè	英语课
yì mén Yīngyǔ kè	一门英语课
xuǎn le yì mén Yīngyǔ kè	选了一门英语课
Wǒ xuǎn le yì mén Yīngyǔ kè.	我选了一门英语课。

듣기 연습

1 다음 녹음을 듣고 주어진 단어의 올바른 발음을 골라보세요. Track 02-05

(1) 选　　xuàn　xuǎn

(2) 听　　tǐng　tīng

(3) 课　　kē　kè

(4) 专业　zhuānyè　zhuǎnyē

(5) 参加　cānjiā　cánjiā

(6) 可以　kěyǐ　kéyí

2 다음 녹음을 듣고 내용과 일치하는 그림을 골라보세요. Track 02-06

A

B

C

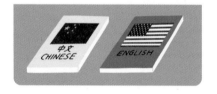

D

(1) _____　　(2) _____　　(3) _____　　(4) _____

말하기 연습

3 제시된 단어를 사용하여 그림의 상황에 알맞은 대화를 만들어 보세요.

(1)

Nǐ kàn le jǐ běn shū?
A 你看了几本书？

B _____。 (两本)

(2)

Tā mǎi le jǐ jiàn yīfu?
A 他买了几件衣服？

B _____。 (一件)

(3)

Wǒ kěyǐ bù xiě zuòyè ma?
A 我可以不写作业吗？

B _____。 (不可以)

(4)

A _____！ (太, 可爱)

Shì a. Wǒ yě hěn xǐhuan xiǎomāo.
B 是啊。我也很喜欢小猫。

💡 단어 ···

作业 zuòyè 명 숙제, 과제

4 다음 대화에 밑줄 친 부분을 제시된 단어로 바꾸어 말해 보세요.

(1)   Nǐ xuǎn le jǐ mén kè?
A 你选了几门课?

Xuǎn le wǔ mén.
B 选了五门。

① 喝 hē
杯 bēi, 咖啡 kāfēi
三杯 sān bēi

② 见 jiàn
个 ge, 朋友 péngyou
两个 liǎng ge

③ 养 yǎng
只 zhī, 猫 māo
一只 yì zhī

(2)   Wǒ kěyǐ xuǎn Hànyǔ kè ma?
A 我可以选汉语课吗?

Kěyǐ.
B 可以。

① 接电话 jiē diànhuà
不可以 bù kěyǐ

② 用你的手机 yòng nǐ de shǒujī
可以 kěyǐ

③ 回答 huídá
可以 kěyǐ

5 다음 제시된 표현을 활용하여 주제에 맞게 말해 보세요.

주제   무엇을 보고, 사고, 먹고 빌렸는지 묻고 대답하기

표현   A 你选了什么课?
B 我选了汉语课和英语课。

(1) 看 / 电影 / 一部动作片
(2) 买 / 衣服 / 蓝色的牛仔裤
(3) 吃 / 饭 / 炸酱面和锅包肉
(4) 借 / 书 / 英语书和汉语书

💡 단어

养 yǎng 图 키우다 蓝色 lánsè 图 남색, 청색 牛仔裤 niúzǎikù 图 청바지 部 bù 图 부, 편[서적이나 영화 따위의 편수를 세는 단위]
动作片 dòngzuò piàn 图 액션물 炸酱面 zhájiàngmiàn 图 자장면 锅包肉 guōbāoròu 图 탕수육 借 jiè 图 빌다. 빌려주다

플러스 어휘

➕ 교과목

数学 shùxué
수학

英语 yīngyǔ
영어

国语 guóyǔ
국어

化学 huàxué
화학

物理 wùlǐ
물리

历史 lìshǐ
역사

贸易 màoyì
무역

音乐 yīnyuè
음악

体育 tǐyù
체육

美术 měishù
미술

计算机应用 jìsuànjī yìngyòng
컴퓨터 응용

讨论 tǎolùn
토론

Jiécǎobào'ēn
结草报恩
결초보은(풀을 묶어 은혜에 보답하다)

진(晋, Jìn) 나라의 위무자(魏武子, Wèi Wǔzi)에게는 젊은 애첩이 있었다. 그는 병이 들자 아들 위과(魏颗, Wèi Kē)를 불러 자기가 죽거든 애첩을 재가시키라고 말했다. 그러나 얼마 지나지 않아 병세가 다시 악화되자, 그는 자신이 죽으면 애첩도 함께 순장해 달라는 유언을 남기고 세상을 떠났다. 아들 위과는 전혀 다른 두 유언을 두고 고민했으나, 병이 깊으면 생각이 흐려질 수 있다고 판단하고 아버지의 애첩을 다른 곳에 시집을 보냈다.

세월이 흘러 진(秦, Qín) 나라가 진(晋) 나라를 침공하자, 위과도 군대를 이끌고 전쟁터로 나가게 되었다. 한 전투에서 위과가 진(秦)장군 두회(杜回, Dù Huí)의 공격에 몰려 사로잡힐 위기에 처하자, 한 노인이 홀연히 나타나 무성하게 자란 풀들을 묶어 들판에 매듭을 만들어 놓았다. 뒤쫓아오던 적군들이 그 매듭에 걸려 넘어져 이리저리 나뒹굴었고 그 틈을 타 위과는 손쉽게 승리를 거둘 수 있었다. 그날 밤, 위과의 꿈에 노인이 나타나 내 딸을 살려준 보답을 한 것이라고 말했다. 이는 '죽어서도 잊지 않고 은혜를 갚는다'는 의미로, 공자가 편찬한 『춘추좌씨전(春秋左氏传, Chūnqiū zuǒshìchuán)』에 나오는 이야기이다.

03

我每天学习四个小时。
나는 매일 네 시간씩 공부해.

학습 목표

시간의 양을 나타낼 수 있다.

학습 내용

1. 시량보어
2. 多长时间
3. 양사 一点儿

단어

Track 03-01

실전 대화

- [ ] 地铁 dìtiě 명 지하철
- [ ] 多 duō 부 얼마나[의문문에 쓰여 정도를 물음]
- [ ] 长 cháng 형 (시간이나 길이가) 길다
- [ ] 时间 shíjiān 명 시간, 동안
- [ ] 小时 xiǎoshí 명 시간

- [ ] 每天 měitiān 명 매일
- [ ] 还是 háishi 부 ~하는 편이 (더) 좋다
- [ ] 一点儿 yìdiǎnr 양 조금, 약간
- [ ] 开始 kāishǐ 동 시작하다
- [ ] 跟 gēn 개 ~와[과]

어법 포인트

- [ ] 等 děng 동 기다리다
- [ ] 要 yào 동 (시간이) 소요되다, 필요하다
- [ ] 饮料 yǐnliào 명 음료

- [ ] 能 néng 조동 ~할 수 있다, 할 줄 안다 [능력이나 가능을 나타냄]
- [ ] 便宜 piányi 형 (값이) 싸다, 저렴하다

실전 대화

대화1 왕징과 김동원이 대중교통 이용에 대해 이야기한다.

Wáng Jīng
王京
Nǐ zěnme lái xuéxiào?
你怎么来学校?

Jīn Dōngyuán
金东沅
Wǒ zuò dìtiě lái.
我坐地铁来。

Wáng Jīng
王京
Nǐ zuò duō cháng shíjiān dìtiě?
你坐多长时间地铁?

Jīn Dōngyuán
金东沅
Wǒ zuò yí ge xiǎoshí dìtiě.
我坐一个小时地铁。

대화2 김남준이 김동원에게 매일 얼마나 공부를 하는지 묻는다.

Jīn Nánjùn
金南俊

Nǐ de Hànyǔ zhēn hǎo. Nǐ měitiān xuéxí duō cháng shíjiān?

你的汉语真好。你每天学习多长时间?

Jīn Dōngyuán
金东沅

Wǒ měitiān xuéxí sì ge xiǎoshí. Nǐ ne?

我每天学习四个小时。你呢?

Jīn Nánjùn
金南俊

Wǒ bù xuéxí.

我不学习。

Jīn Dōngyuán
金东沅

Nǐ háishi xué yìdiǎnr ba. Cóng jīntiān kāishǐ gēn wǒ yìqǐ xuéxí ba!

你还是学一点儿吧。 从今天开始跟我一起学习吧!

Jīn Nánjùn
金南俊

Hǎo ba.

好吧。

어법 포인트

1 시량보어

시량보어는 동사 뒤에 쓰여 동작이나 행위가 진행된 시간의 양 혹은 길이를 나타낸다. 시량
보어와 목적어 사이에는 조사 的가 올 수 있다.

> 동사   +   시량보어   +   (的)   +   목적어

초(간)	분(간)	시간	일	주(간)	개월	년(간)	한참 동안	잠깐
秒钟	分钟	(个)小时	天	(个)星期	(个)月	年	半天	一会儿
miǎozhōng	fēnzhōng	(ge)xiǎoshí	tiān	(ge)xīngqī	(ge)yuè	nián	bàntiān	yíhuìr

▶예문

Qǐng nín děng yíhuìr.
请您等一会儿。 잠시만 기다려 주세요.

Wǒ zuò yí ge xiǎoshí dìtiě.
我坐一个小时地铁。 나는 지하철을 1시간 탄다.

Wǒmen xiūxi yí ge xīngqī ba.
我们休息一个星期吧。 우리 일주일 동안 쉬자.

Tā měitiān xuéxí sānshí fēnzhōng (de) Yīngyǔ.
他每天学习三十分钟(的)英语。 그는 매일 30분씩 영어 공부를 한다.

2 多长时间

多长时间은 시간이 걸리거나 소요되는 시간을 표현할 때 쓰며 '(시간이) 얼마나', '얼마 동안' 이라고 해석한다.

▶예문

Nǐ zuò duō cháng shíjiān dìtiě?
你坐多长时间地铁? 지하철 타고 얼마나 걸리나요?

Wǒmen xiūxi duō cháng shíjiān?
我们休息多长时间? 우리는 얼마 동안 쉬어요?

Nǐ měitiān xuéxí duō cháng shíjiān?
你每天学习多长时间? 너는 매일 얼마나 공부하니?

Nǐ měitiān wánr duō cháng shíjiān yóuxì?
你每天玩儿多长时间游戏? 너는 매일 게임을 얼마나 하니?

3 양사 一点儿

一点儿은 술어 뒤에 쓰여 수량이 적거나 정도가 미미함을 나타내며 '조금', '약간'이라고 해석한다. 이때 앞의 一는 생략할 수 있다.

▶예문

Nǐ háishi xué yìdiǎnr ba.
你还是学一点儿吧。 너는 공부를 좀 하는 게 좋겠다.

Wǒ xiǎng hē yìdiǎnr yǐnliào.
我想喝一点儿饮料。 나 음료수를 좀 마시고 싶어.

Yǒu xiǎo yìdiǎnr de yīfu ma?
有小一点儿的衣服吗? 좀 작은 사이즈의 옷이 있나요?

Zhè ge néng piányi yìdiǎnr ma?
这个能便宜一点儿吗? 이거 좀 더 저렴하게 해 주실 수 있나요?

확장 연습

1 너는 매일 얼마나 공부하니?

duō cháng shíjiān	多长时间
xuéxí duō cháng shíjiān	学习多长时间
měitiān xuéxí duō cháng shíjiān	每天学习多长时间
Nǐ měitiān xuéxí duō cháng shíjiān?	你每天学习多长时间？

2 나는 매일 네 시간씩 공부해.

sì ge xiǎoshí	四个小时
xuéxí sì ge xiǎoshí	学习四个小时
měitiān xuéxí sì ge xiǎoshí	每天学习四个小时
Wǒ měitiān xuéxí sì ge xiǎoshí.	我每天学习四个小时。

3 너는 공부를 좀 하는 게 좋겠다.

yìdiǎnr	一点儿
xué yìdiǎnr	学一点儿
háishi xué yìdiǎnr ba	还是学一点儿吧
Nǐ háishi xué yìdiǎnr ba.	你还是学一点儿吧。

1 다음 녹음을 듣고 주어진 단어의 올바른 발음을 골라보세요. Track 03-05

(1) 多　　duò　duō

(2) 长　　cháng　chǎng

(3) 坐　　zuò　zuō

(4) 时间　shǐjián　shíjiān

(5) 地铁　dìtiě　dītié

(6) 学习　xuéxí　xuěxí

2 다음 녹음을 듣고 내용과 일치하는 그림을 골라보세요. Track 03-06

(1) ＿＿＿＿＿＿　　(2) ＿＿＿＿＿＿　　(3) ＿＿＿＿＿＿　　(4) ＿＿＿＿＿＿

말하기 연습

3 제시된 단어를 사용하여 그림의 상황에 알맞은 대화를 만들어 보세요.

(1)

Wǒmen xiūxi duō cháng shíjiān?

A 我们休息多长时间？

B _____。 （三十分钟）

(2)

Nǐ měitiān kàn duō cháng shíjiān shū?

A 你每天看多长时间书？

B _____。 （两个小时）

(3)

Cǎoméi tài guì le, néng

A 草莓太贵了，能_____？ （便宜，一点儿）

Nà, gěi nǐ èrshí kuài.

B 那，给你二十块。

(4)

Wǒ wǎn le, néng

A 我晚了，能_____？ （快，一点儿）

Hǎo de.

B 好的。

💡 단어 ··

草莓 cǎoméi 명 딸기　快 kuài 형 빠르다

4 다음 대화에 밑줄 친 부분을 제시된 단어로 바꾸어 말해 보세요.

(1) Nǐ měitiān xuéxí duō cháng shíjiān?
A 你每天学习多长时间?

Wǒ měitiān xuéxí sì ge xiǎoshí.
B 我每天学习四个小时。

① 运动 yùndòng　② 等 děng　③ 睡 shuì

二十分钟 èrshí fēnzhōng　一个小时 yí ge xiǎoshí　六个小时 liù ge xiǎoshí

(2) Nǐ háishi xué yìdiǎnr Hànyǔ ba.
A 你还是学一点儿汉语吧。

Hǎo ba.
B 好吧。

① 喝 hē, 奶茶 nǎichá　② 买 mǎi, 水果 shuǐguǒ　③ 化 huà, 妆 zhuāng

5 다음 제시된 표현을 활용하여 주제에 맞게 말해 보세요.

주제 아래 행위의 지속 시간을 묻고 대답하기

표현 A 你学了多长时间汉语?
B 我学了五个月汉语。

(1) 写 / 作业 / 一个半小时　(2) 上 / 课 / 三个小时
(3) 看 / 电视 / 四十分钟　(4) 玩儿 / 手机 / 半个小时

🔅 단어 ....

睡 shuì 통 (잠을) 자다　水果 shuǐguǒ 명 과일

플러스 어휘

汽车 qìchē
자동차

自行车 zìxíngchē
자전거

三轮车 sānlúnchē
삼륜차

滑板车 huábǎnchē
킥보드

摩托车 mótuōchē
오토바이

公交车 gōngjiāochē
버스

出租车 chūzūchē
택시

地铁 dìtiě
지하철

火车 huǒchē
기차

高铁 gāotiě
고속 열차

船 chuán
배

飞机 fēijī
비행기

중국 문화

Jìngyèsī

静夜思

정야사(고요한 밤에 생각하다)

(Táng) Lǐ Bái

(唐)李白 이백

Chuáng qián míngyuè guāng,

床前明月光,　　　침상 앞 스며든 밝은 달빛,

yí shì dì shàng shuāng.

疑是地上霜。　　　땅에 내린 서리가 아닌가 생각하였네.

Jǔ tóu wàng míngyuè,

举头望明月,　　　고개 들어 산에 걸린 밝은 달을 바라보다,

dī tóu sī gùxiāng.

低头思故乡。　　　고개 숙여 고향을 그리워하네.

 단어　床 chuáng 몡 침대　月光 yuè guāng 몡 달빛　疑 yí 동 의심하다　霜 shuāng 몡 서리　举头 jǔ tóu 동 머리를 들다　望 wàng 동 바라보다　低 dī 동 (머리를) 숙이다　故乡 gùxiāng 몡 고향

04

我正在写作业呢。
나는 과제하고 있어.

단어

실전 대화

□ 正在 zhèngzài 부 지금[바로] ~하고
있다

□ 有点儿 yǒudiǎnr 부 조금, 약간

□ 东西 dōngxi 명 음식, 물건

□ 不好意思 bù hǎoyìsi 죄송합니다

□ 已经 yǐjīng 부 이미

□ 一会儿 yíhuìr 양 잠시, 잠깐 동안

어법 포인트

□ 上网 shàngwǎng 동 인터넷을 하다

□ 渴 kě 형 목마르다

□ 热 rè 형 덥다, 뜨겁다

□ 高兴 gāoxìng 형 기쁘다, 즐겁다

□ 走 zǒu 동 가다, 걷다

Track 04-02

대화1 김동원이 왕징에게 무엇을 하고 있는지 묻는다.

Jīn Dōngyuán
金东沅
Nǐ zài nǎr?
你在哪儿?

Wáng Jīng
王京
Wǒ zài kāfēitīng.
我在咖啡厅。

Jīn Dōngyuán
金东沅
Nǐ zài nàr zuò shénme?
你在那儿做什么?

Wáng Jīng
王京
Wǒ zhèngzài xiě zuòyè ne.
我正在写作业呢。

Track 04-03

대화2 왕징이 김동원에게 간식을 먹자고 권한다.

Wáng Jīng
王京
Nǐ zài zuò shénme?
你在做什么?

Jīn Dōngyuán
金东沅
Wǒ zài xuéxí ne.
我在学习呢。

Wáng Jīng
王京
Wǒ yǒudiǎnr è. Wǒmen chī diǎnr dōngxi ba.
我有点儿饿。我们吃点儿东西吧。

Jīn Dōngyuán
金东沅
Bù hǎoyìsi. Wǒ yǐjīng chī le.
不好意思。我已经吃了。

Wáng Jīng
王京
Shì ma? Nà yíhuìr yìqǐ hē kāfēi ba!
是吗?那一会儿一起喝咖啡吧!

Jīn Dōngyuán
金东沅
Hǎo a.
好啊。

어법 포인트

1 동작의 진행

正(在)는 동작의 진행이나 상태의 지속을 나타내는 부사로, 동사 앞에 위치하며 '지금 ~하고 있다', '~하는 중이다'라고 해석한다. 또 문장 끝에 어기조사 呢를 붙여 사용하기도 한다.

▶예문

Wǒ zhèngzài xiě zuòyè.
我正在写作业。 나는 과제를 하고 있다.

Wǒ zài shàngwǎng.
我在上网。 나는 인터넷을 하고 있다.

Tāmen zhèngzài kǎoshì.
他们正在考试。 그들은 시험을 보고 있다.

Wǒ zài kàn shǒujī ne.
我在看手机呢。 나는 핸드폰을 보고 있어.

2 부사 有点儿

정도를 나타내는 부사로, 일반적으로 술어 앞에 쓰이며 '조금', '약간'이라고 해석한다. 주로 만족스럽지 않은 상황이나 부정적인 의미로 쓰인다.

▶예문

Wǒ yǒudiǎnr è.
我有点儿饿。 나는 배가 조금 고파.

Wǒ yǒudiǎnr rè.
我有点儿热。 나는 조금 더워.

Wǒ yǒudiǎnr kě.
我有点儿渴。 나는 목이 조금 말라.

Tā jīntiān yǒudiǎnr bù gāoxìng.
他今天有点儿不高兴。 오늘 그는 기분이 좀 좋지 않아.

3 부사 已经

부사 已经은 '이미', '벌써'라는 뜻으로 동작이나 상태가 어느 정도에 도달했거나 완료되었음을 나타낸다. 일반적으로 문장 끝에 了를 붙여 쓴다.

▶예문

Wǒ yǐjīng chī le.
我已经吃了。 나는 이미 먹었어.

Tā yǐjīng zǒu le.
她已经走了。 그녀는 이미 갔어.

Tā yǐjīng huíjiā le.
他已经回家了。 그는 이미 집으로 돌아갔다.

Diànyǐng yǐjīng kāishǐ le.
电影已经开始了。 영화는 이미 시작했다.

확장 연습

1 나는 과제하고 있어. ✏️

🔊 Track 04-04

zuòyè	作业
xiě zuòyè	写作业
zhèngzài xiě zuòyè	正在写作业
Wǒ zhèngzài xiě zuòyè ne.	我正在写作业呢。

2 나는 배가 조금 고파. ✏️

è	饿
yǒudiǎnr è	有点儿饿
Wǒ yǒudiǎnr è.	我有点儿饿。

3 나는 이미 먹었어. ✏️

chī	吃
chī le	吃了
yǐjīng chī le	已经吃了
Wǒ yǐjīng chī le.	我已经吃了。

1 다음 녹음을 듣고 주어진 단어의 올바른 발음을 골라보세요.　 Track 04-05

(1) 饿　　è　é

(2) 写　　xiē　xiě

(3) 作业　zōuyè　zuòyè

(4) 正在　zhèngzài　zhēngzài

(5) 已经　yǐjīng　yíjíng

(6) 开始　kāishí　kāishǐ

2 다음 녹음을 듣고 내용과 일치하는 그림을 골라보세요.　 Track 04-06

A

B

C

D

(1) _____ 　(2) _____ 　(3) _____ 　(4) _____

3 제시된 단어를 사용하여 그림의 상황에 알맞은 대화를 만들어 보세요.

(1)

Tā zhèngzài zuò shénme?
A 她正在做什么?

B _____。 (运动)

(2)

Nǐ zài zuò shénme?
A 你在做什么?

B _____。 (看, 奈飞)

(3)

Wǒmen yìqǐ kàn zhè bù diànyǐng ba.
A 我们一起看这部电影吧。

B _____。 (已经, 看)

(4)

yìqǐ qù mǎi yǐnliào ba.
A _____, 一起去买饮料吧。 (有点儿, 渴)

Hǎo de. Wǒmen yìqǐ qù ba.
B 好的。我们一起去吧。

💡 단어 ···

奈飞 Nàifēi 명 넷플릭스

4 다음 대화에 밑줄 친 부분을 제시된 단어로 바꾸어 말해 보세요.

(1)

Nǐ zhèngzài zuò shénme?

A 你正在做什么?

Wǒ zhèngzài xiě zuòyè ne.

B 我正在写作业呢。

---

① 化妆 huàzhuāng   ② 玩儿游戏 wánr yóuxì   ③ 上车 shàngchē

---

(2)

Wǒmen yìqǐ qù chī fàn ba.

A 我们一起去吃饭吧。

Wǒ yǐjīng chī le.

B 我已经吃了。

---

① 写 xiě, 作业 zuòyè   ② 喝 hē, 茶 chá   ③ 去买 qù mǎi, 饮料 yǐnliào

---

5 다음 제시된 표현을 활용하여 주제에 맞게 말해 보세요.

주제	그림 속 가족들의 행동 묘사하기
표현	正(在)…呢
단어	做菜 收拾 房间

📖 **단어**

上车 shàngchē 동 차를 타다   收拾 shōushi 동 정돈하다, 정리하다   房间 fángjiān 명 방

플러스 어휘

중국의 대표 간식

 Track 04-07

瓜子 guāzǐ
해바라기 씨

糖葫芦 tánghúlu
탕후루

地瓜片 dìguā piàn
고구마 칩

煎饼 jiānbing
전병

烧饼 shāobing
호떡 (사오빙)

油条 yóutiáo
꽈배기 (유타오)

串儿 chuànr
꼬치

包子 bāozi
만두

烤冷面 kǎo lěngmiàn
구운 냉면

凉皮 liángpí
비빔면 (량피)

臭豆腐 chòudòufu
발효 두부 (취두부)

烤红薯 kǎo hóngshǔ
군고구마

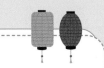

Duì niú tán qín
对牛弹琴
대우탄금(소에게 거문고를 들려준다)

대우탄금은 '어리석은 사람에게 참된 도리를 말해 주어도 깨닫지 못함'을 비유하는 말로, 양(梁, Liáng)나라 때 승려 우(右, Yòu)가 편찬한 『홍명집(弘明集, Hóngmíngjí)』의 「이록혼(理惑论, Lǐ huò lùn)」에 나오는 이야기이다.

후한 말, 모융(牟融, Móu Róng)이라는 학자가 있었는데 많은 사람들이 불경을 배우고자 그를 찾아왔다. 그는 유학자들에게 불경을 설명할 때 늘 '공명의(公明仪, Gōngmíng Yí)'의 일화를 빗대어 설명했다. 노나라의 '공명의'라고 하는 어진 사람이 하루는 소를 향해 거문고를 켜주었는데 소는 거들떠보지 않고 계속 풀을 뜯었다. 그래서 다시 거문고로 모기의 울음소리와 젖을 먹고 있는 송아지의 울음소리를 흉내 내자, 소가 귀를 세우고 꼬리를 흔들며 그 소리에 반응했다. 이는 소가 거문고 소리를 듣지 못한 것이 아니라 거문고의 고상한 곡조를 이해하지 못했기 때문이다. 모융은 이런한 이유로 유학자들에게 유학 경서를 인용하여 불경을 설명했다고 말했다. 이는 아무리 좋은 말이라도 알아 듣지 못하는 사람에게는 소용이 없다는 말로, 한국의 속담 '쇠귀에 경 읽기'와 비슷한 의미로 사용된다.

05

药吃完了。
약 다 먹었어.

단어

실전 대화

□ 医生 yīshēng 몡 의사, 닥터

□ 舒服 shūfu 혱 편안하다, 안락하다

□ 嗓子 sǎngzi 몡 목(구멍)

□ 疼 téng 혱 아프다

□ 咳嗽 késou 동 기침하다

□ 开 kāi 동 기술하다, (서류를) 작성하다

□ 药 yào 몡 약

□ 注意 zhùyì 동 주의하다, 조심하다

□ 不要 búyào 부 ～하지 마라

□ 凉 liáng 혱 서늘하다, 차갑다

□ 完 wán 동 완성하다, 끝마치다

□ 穿 chuān 동 (옷을) 입다, (신발·양말 따위를) 신다

□ 一些 yìxiē 양 조금, 약간

□ 着凉 zháoliáng 동 감기에 걸리다

□ 知道 zhīdào 동 알다, 이해하다

어법 포인트

□ 吸烟 xīyān 동 흡연하다

□ 忘记 wàngjì 동 잊어버리다

□ 菜 cài 몡 음식, 요리

□ 春天 chūntiān 몡 봄

□ 今年 jīnnián 몡 올해, 금년

□ 岁 suì 양 세, 살[나이를 세는 단위]

□ 生气 shēngqì 동 화내다, 성내다

실전 대화

대화1 왕징이 의사에게 진찰을 받는다.

yīshēng
医生
Nǐ nǎr bù shūfu?
你哪儿不舒服？

Wáng Jīng
王京
Wǒ sǎngzi yǒudiǎnr téng, érqiě késou.
我嗓子有点儿疼，而且咳嗽。

yīshēng
医生
Wǒ kànkan. Wǒ gěi nǐ kāi yìdiǎnr yào.
我看看。我给你开一点儿药。

Zhùyì búyào chī liáng de.
注意不要吃凉的。

Wáng Jīng
王京
Xièxie nín.
谢谢您。

Track 05-03

대화2 김동원이 아픈 왕징을 걱정한다.

金东沅
Jīn Dōngyuán

Nǐ de yào chī wán le ma?
你的药吃完了吗?

王京
Wáng Jīng

Chī wán le. Wǒ xiànzài yǐjīng hǎo le.
吃完了。我现在已经好了。

金东沅
Jīn Dōngyuán

Duō chuān yìxiē yīfu, búyào zài zháoliáng le.
多穿一些衣服，不要再着凉了。

王京
Wáng Jīng

Wǒ zhīdào le.
我知道了。

어법 포인트

1 부사 不要

'~하지 마라', '~해서는 안 된다'라는 뜻으로 주로 금지를 나타낸다. 보통 문장 앞에 请을 붙이거나 문장 끝에 了를 붙여 사용한다.

▶예문

Qǐng búyào wàngjì!
请不要忘记! 잊지 마세요!

Qǐng nǐ búyào xīyān!
请你不要吸烟! 담배 피지 마세요!

Búyào zài zháoliáng le.
不要再着凉了。 감기 조심하세요.

Zhùyì búyào chī liáng de.
注意不要吃凉的。 찬 음식을 먹지 않도록 주의하세요.

2 결과보어 完

결과보어란 술어 뒤에 쓰여 동작이나 행위의 결과를 보충해 주는 성분을 말하며 주로 동사나 형용사가 결과보어로 쓰인다. 결과보어 完은 '완성하다', '끝마치다'는 의미를 나타낸다.

▶예문

Cài zuò wán le.
菜做完了。 음식을 다 만들었다.

Fángjiān shōushi wán le.
房间收拾完了。 방을 다 치웠다.

Nǐ de yào chī wán le ma?
你的药吃完了吗? 너 약은 다 먹었니?

Nǐ de zuòyè xiě wán le ma?
你的作业写完了吗? 너 과제는 다 했니?

어법 포인트

3 어기조사 了(2)

상태나 상황의 변화 또는 새로운 상황의 출현을 의미하는 어기조사로 문장 끝에 위치한다.

▶예문

Chūntiān le.
春天了。 봄이 되었다.

Tā shēngqì le.
她生气了。 그녀는 화가 났다.

Tā yǒu nǚpéngyou le.
他有女朋友了。 그는 여자친구가 생겼다.

Dìdi jīnnián èrshíyī suì le.
弟弟今年二十一岁了。 남동생은 올해 21살이 되었다.

확장 연습

1 약 다 먹었어.

chī	吃
chī wán	吃完
chī wán le	吃完了
Yào chī wán le.	药吃完了。

2 나 이미 좋아졌어.

hǎo	好
hǎo le	好了
yǐjīng hǎo le	已经好了
Wǒ yǐjīng hǎo le.	我已经好了。

3 찬 음식을 먹지 않도록 주의하세요.

liáng de	凉的
chī liáng de	吃凉的
búyào chī liáng de	不要吃凉的
Zhùyì búyào chī liáng de.	注意不要吃凉的。

듣기 연습

1 다음 녹음을 듣고 주어진 단어의 올바른 발음을 골라보세요. Track 05-05

(1) 药　　yāo　yào

(2) 穿　　chuǎn　chuān

(3) 完　　wán　wǎn

(4) 嗓子　sāngzǐ　sǎngzi

(5) 着凉　zháoliǎng　zháoliáng

(6) 咳嗽　kěsǒu　késou

2 다음 녹음을 듣고 내용과 일치하는 그림을 골라보세요. Track 05-06

A

B

C

D

(1) _____　　(2) _____　　(3) _____　　(4) _____

말하기 연습

3 제시된 단어를 사용하여 그림의 상황에 알맞은 대화를 만들어 보세요.

(1)

Nǐ nǎr bù shūfu?
A 你哪儿不舒服？

B _____。 (肚子, 疼)

(2)

Nǐ zěnme le?
A 你怎么了？

B _____。 (头, 晕)

(3)

Zuòyè xiě le ma?
A 作业写了吗？

B _____。 (完)

(4)

A _____？ (电话, 完)

Méi dǎ wán.
B 没打完。

💡 단어

肚子 dùzi 명 배, 복부   头 tóu 명 머리   晕 yūn 통 어지럽다   打 dǎ 통 (전화를) 걸다

4 다음 대화에 밑줄 친 부분을 제시된 단어로 바꾸어 말해 보세요.

(1)   **A**   Nǐ nǎr bù shūfu?
           你哪儿不舒服?

        B   Wǒ sǎngzi yǒudiǎnr téng.
           我嗓子有点儿疼。

> ① 脚 jiǎo, 有点儿 yǒudiǎnr   ② 腿 tuǐ, 很 hěn   ③ 头 tóu, 非常 fēicháng

(2)   **A**   Nǐ zěnme le?
           你怎么了?

        B   Wǒ fāshāo le.
           我发烧了。

> ① 感冒 gǎnmào   ② 困 kùn   ③ 生气 shēngqì

5 다음 제시된 단어를 활용하여 주제에 맞게 말해 보세요.

주제   어디가 아픈지 묻고 대답하기

단어   哪儿   有点儿   疼   不要

💡 **단어** ....

脚 jiǎo 몡 발   **腿** tuǐ 몡 다리   **发烧** fāshāo 통 열이 나다   **感冒** gǎnmào 몡통 감기(에 걸리다)

+ 병원 진료

Track 05-07

医生 yīshēng
의사

护士 hùshi
간호사

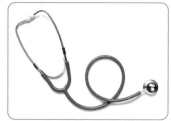

听诊器 tīngzhěnqì
청진기

挂号 guàhào
접수하다

诊疗 zhěnliáo
진료하다

量血压 liáng xuèyā
혈압을 재다

打针 dǎzhēn
주사를 맞다

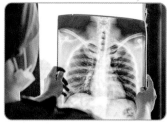

X光检查 X guāng jiǎnchá
엑스레이 검사

打石膏 dǎ shígāo
깁스를 하다

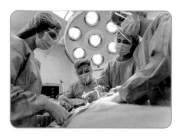

手术 shǒushù
수술

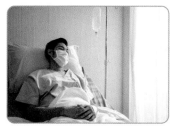

住院 zhùyuàn
입원하다

出院 chūyuàn
퇴원하다

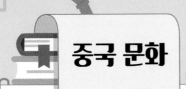

 Track 05-08

Chūn yè xǐyǔ

春夜喜雨

춘야희우(봄밤에 내린 반가운 비)

(Táng) Dù Fǔ

（唐）杜甫 두보

Hǎo yǔ zhī shíjié,

好雨知时节，   좋은 비는 시절을 알아,

dāng chūn nǎi fāshēng.

当春乃发生。   봄이 되니 이내 내리네.

Suí fēng qián rùyè,

随风潜入夜，   바람 타고 밤에 몰래 찾아와,

rùn wù xì wúshēng.

润物细无声。   소리 없이 촉촉이 만물을 적시네.

 단어   **好雨** hǎo yǔ 때를 맞추어 내리는 적당한 비   **乃** nǎi 접 이에, 그래서   **发生** fāshēng 동 발생하다, 생기다   **随** suí 동 따르다   **潜** qián 부 몰래, 살그머니   **润** rùn 동 축축하게 하다   **细** xì 형 가늘다   **无声** wúshēng 동 소리가 없다

06

我要订七月四号的房间。

7월 4일 객실 예약을 하려고 해요.

단어

실전 대화

☐ 订 dìng 동 예약하다

☐ 服务员 fúwùyuán 명 (서비스업의) 종업원

☐ 标准间 biāozhǔnjiān 명 표준 객실, 스탠더드 룸

☐ 好 hǎo 형 (동사 뒤에 쓰여) 완성되었음을 나타냄

☐ 网 wǎng 명 온라인, 인터넷

☐ 预定 yùdìng 동 예정하다, 예약하다

☐ 出示 chūshì 동 제시하다

☐ 护照 hùzhào 명 여권

☐ 房卡 fángkǎ 명 (객실) 키카드

☐ 号 hào 명 번호

☐ 早餐 zǎocān 명 아침 식사

☐ 时候 shíhou 명 때, 무렵

☐ 从…到… cóng…dào… 개 ~로부터(에서) ~까지

☐ 最好 zuìhǎo 부 (제일) 좋기는, (가장) 바람직한 것은

☐ 前 qián 명 전, 앞

☐ 用餐 yòngcān 동 식사를 하다

어법 포인트

☐ 开会 kāihuì 동 회의를 하다(열다)

☐ 上海 Shànghǎi 명 상하이

☐ 首尔 Shǒu'ěr 명 서울

☐ 分钟 fēnzhōng 명 분(간)

☐ 快 kuài 부 빨리

☐ 饭 fàn 명 밥, 식사

☐ 机票 jīpiào 명 비행기표

실전 대화

대화1 왕징이 객실 예약을 한다.

王京
Wáng Jīng
Nín hǎo. Wǒ yào dìng qī yuè sì hào de fángjiān.
您好。我要订七月四号的房间。

服务员
fúwùyuán
Nín yào dìng shénme fángjiān?
您要订什么房间?

王京
Wáng Jīng
Wǒ yào dìng biāozhǔnjiān.
我要订标准间。

服务员
fúwùyuán
Hǎo de. Nín de fángjiān dìng hǎo le.
好的。您的房间订好了。

🔊 Track 06-03

대화2 김동원이 호텔 프런트에서 체크인을 한다.

Jīn Dōngyuán
金东沅

Wǒ zài wǎngshàng yùdìng le fángjiān.
我在网上预定了房间。

fúwùyuán
服务员

Qǐng chūshì nín de hùzhào.
请出示您的护照。

Jīn Dōngyuán
金东沅

Gěi nín.
给您。

fúwùyuán
服务员

Zhè shì fángkǎ. Nín de fángjiān shì yāo yāo líng liù hào.
这是房卡。您的房间是1106号。

Jīn Dōngyuán
金东沅

Zǎocān shíjiān shì shénme shíhòu?
早餐时间是什么时候?

fúwùyuán
服务员

Zǎocān shíjiān shì cóng shàngwǔ qī diǎn dào shí diǎn.
早餐时间是从上午七点到十点。

Nín zuìhǎo jiǔ diǎn qián yòngcān.
您最好九点前用餐。

어법 포인트

1 什么时候

'어떤'을 의미하는 什么와 '때'를 의미하는 时候가 결합된 단어로, 동작의 특정한 시점을 나타내며 '언제'라고 해석한다.

▶예문

Wǒmen shénme shíhou kāihuì?
我们什么时候开会? 우리 언제 회의를 하나요?

Kǎoshì shíjiān shì shénme shíhou?
考试时间是什么时候? 시험은 언제인가요?

Nǐ shénme shíhou qù guo Shànghǎi?
你什么时候去过上海? 너는 언제 상하이에 가 봤니?

Wǒmen shénme shíhou kěyǐ xiūxi?
我们什么时候可以休息? 우리 언제 쉴 수 있나요?

2 개사 从…到…

从 A 到 B는 시간과 장소의 범위를 나타내며 'A에서 B까지'라고 해석한다.

▶예문

Wǒ cóng shí diǎn dào shíèr diǎn zài túshūguǎn.
我从十点到十二点在图书馆。 나는 10시부터 12시까지 도서관에 있어.

Shàngkè shíjiān shì cóng jiǔ diǎn dào shíèr diǎn.
上课时间是从九点到十二点。 수업 시간은 9시부터 12시까지이다.

Wǒ cóng Shǒu'ěr dào Běijīng zuò fēijī qù.
我从首尔到北京坐飞机去。 나는 서울에서 베이징까지 비행기를 타고 간다.

Cóng jiā dào xuéxiào zuò dìtiě yào sānshí fēnzhōng.
从家到学校坐地铁要三十分钟。 집에서 학교까지 지하철 타고 30분 걸린다.

어법 포인트

3 부사 最好

부사 最好는 '가장 바람직하기는', '가장 좋기는'이라는 뜻으로 쓰인다.

▶예문

> Zuìhǎo měitiān yùndòng.
> 最好每天运动。 매일 운동하는 것이 가장 좋다.
>
> Nǐ zuìhǎo xiànzài chī yào.
> 你最好现在吃药。 지금 약을 먹는 게 좋겠어.
>
> Nǐ zuìhǎo kuài yìdiǎnr lái.
> 你最好快一点儿来。 너 좀 빨리 오는 게 좋겠어.
>
> Nín zuìhǎo jiǔ diǎn qián yòngcān.
> 您最好九点前用餐。 9시 전에 식사하는 것이 가장 좋습니다.

4 결과보어 好

好는 동사 뒤에 쓰여 동작이 완성되었거나 마무리가 잘 되었음을 나타낸다.

▶예문

> Fàn zuò hǎo le.
> 饭做好了。 밥은 다 했어.
>
> Fángjiān shōushi hǎo le.
> 房间收拾好了。 방은 잘 정리했어.
>
> Yīfu chuān hǎo le.
> 衣服穿好了。 옷은 다 입었어.
>
> Jīpiào yǐjīng dìng hǎo le.
> 机票已经订好了。 비행기표는 이미 예약했어.

확장 연습

1 7월 4일 객실 예약을 하려고 해요.

dìng	订
dìng fángjiān	订房间
dìng qī yuè sì hào de fángjiān	订七月四号的房间
Wǒ yào dìng qī yuè sì hào de fángjiān.	我要订七月四号的房间。

2 객실이 잘 예약되었습니다.

dìng le	订了
dìng hǎo le	订好了
fángjiān dìng hǎo le	房间订好了
Nín de fángjiān dìng hǎo le.	您的房间订好了。

3 조식 시간은 7시부터 10시까지입니다.

cóng qī diǎn	从七点
cóng qī diǎn dào shí diǎn	从七点到十点
Zǎocān shíjiān shì cóng qī diǎn dào shí diǎn.	早餐时间是从七点到十点。

듣기 연습

1 다음 녹음을 듣고 주어진 단어의 올바른 발음을 골라보세요. Track 06-05

(1) 从　　cóng　cōng

(2) 订　　dǐng　dìng

(3) 房间　fángjiān　fǎngjiān

(4) 护照　hùzhāo　hùzhào

(5) 最好　zuìhǎo　zuìháo

(6) 房卡　fángkǎ　fāngkǎ

2 다음 녹음을 듣고 내용과 일치하는 그림을 골라보세요. Track 06-06

(1) _____　(2) _____　(3) _____　(4) _____

말하기 연습

3 제시된 단어를 사용하여 그림의 상황에 알맞은 대화를 만들어 보세요.

(1)

Nín yào zuò shénme?
A 您要做什么?

B ＿＿＿＿＿＿＿＿＿＿＿＿。 (订, 座位)

(2)

조은내과

점심시간
1시 ~ 2시

INFORMATION

Wǔxiū shíjiān shì shénme shíhou?
A 午休时间是什么时候?

B ＿＿＿＿＿＿＿＿＿＿＿＿。
(从…到…, 一点, 两点)

(3)

ICN → JFK

예약완료

Jīpiào dìng hǎo le ma?
A 机票订好了吗?

B ＿＿＿＿＿＿＿＿＿＿＿＿。 (订, 好)

(4)

Fángjiān shōushi hǎo le ma?
A 房间收拾好了吗?

B ＿＿＿＿＿＿＿＿＿＿＿＿。 (收拾, 好)

💡 **단어** ···

座位 zuòwèi 圆 자리, 좌석　**午休** wǔxiū 圄 점심 후의 휴식을 취하다

4 다음 대화에 밑줄 친 부분을 제시된 단어로 바꾸어 말해 보세요.

(1)　　A　Nín yào zuò shénme?
　　　　　您要做什么?

　　　　B　Wǒ yào dìng qī yuè sì hào de fángjiān.
　　　　　我要订七月四号的房间。

> ① 五月八号 wǔ yuè bā hào　② 下周一 xià zhōu yī　③ 去上海 qù Shànghǎi
>
> 车 chē　　　　　　　　　　火车票 huǒchēpiào　　　　　机票 jīpiào

(2)　　A　Zǎocān shíjiān shì shénme shíhou?
　　　　　早餐时间是什么时候?

　　　　B　Zǎocān shíjiān shì cóng zǎoshang qī diǎn dào shí diǎn.
　　　　　早餐时间是从早上七点到十点。

> ① 汉语课 Hànyǔ kè　　　② 休息 xiūxi　　　　③ 电影 diànyǐng
>
> 上午 shàngwǔ　　　　　　下午 xiàwǔ　　　　　　晚上 wǎnshang
>
> 九点 jiǔ diǎn, 十一点 shíyī diǎn　三点 sān diǎn, 五点 wǔ diǎn　七点半 qī diǎn bàn, 十点 shí diǎn

5 다음 제시된 단어를 활용하여 주제에 맞게 말해 보세요.

> **주제**　아래 정보를 참고하여 식당 예약하기
>
> **단어**　订　　一共

(1) 7시 / 4명　　(2) 2월 10일 / 오후 1시 / 3명　　(3) 6월 25일 / 오전 10시 / 1명

🔖 **단어** ....

下周 xià zhōu 몡 다음 주　　**火车票** huǒchēpiào 몡 기차표

플러스 어휘

+ 호텔 객실 및 부대 시설

单人间 dānrénjiān
싱글 룸

双人间 shuāngrénjiān
더블 룸

标准间 biāozhǔnjiān
스탠더드 룸

商务间 shāngwùjiān
비즈니스 룸

高级套房 gāojí tàofáng
로얄 스위트

服务台 fúwùtái
프런트

大厅 dàtīng
로비, 홀

宴会厅 yànhuìtīng
연회장

商务中心 shāngwù zhōngxīn
비즈니스 센터

健身中心 jiànshēn zhōngxīn
헬스클럽

游泳池 yóuyǒngchí
수영장

赌场 dǔchǎng
카지노

愚公移山

Yú Gōng yí shān

우공이산(우공이 산을 옮긴다)

우공이산은 '남들이 보기엔 어리석은 일처럼 보이지만 포기하지 않고 끝까지 밀고 나가면 언젠가는 성공한다'는 뜻으로, 『열자(列子, Lièzǐ)』의 「탕문편(汤问篇, Tāng wènpiān)」에 나오는 이야기이다.

먼 옛날 우공(愚公, Yú Gōng)이라는 90세 노인이 살고 있었다. 그의 집 앞은 태행산(太行山, Tàiháng Shān)과 왕옥산(王屋山, Wángwū Shān)이라는 큰 산들로 가로막혀 있어 불편이 이만저만이 아니었다. 그러던 어느 날 우공과 가족들은 오랜 시간의 상의 끝에 산을 옮기기로 결정했고 그 후 매일 돌을 깨고 흙을 파서 나르기 시작했다. 이를 보고 지수라는 영감이 비웃자, 우공은 내가 죽으면 내 아들이, 그가 죽으면 손자가 계속할 것이라고 말했다. 이 얘기를 듣고 깜짝 놀란 산신은 산이 없어질까 두려워 옥황상제에게 도움을 청했고, 옥황상제는 우공의 끈기와 노력에 감동하여 두 산을 옮겨 하나는 삭동(朔东, Shuòdōng)에 두고 하나는 옹남(雍南, Yōngnán)에 두게 하였다는 이야기에서 유래한다.

07

我们一边吃一边聊吧。

우리 먹으면서 이야기해요.

학습 목표

동시에 발생한 두 동작을 표현할 수 있다.

학습 내용

① 방향보어 来/去

② 접속사 一边

③ 부사 马上

단어

Track 07-01

실전 대화

☐ 喂 wéi(wèi) 감 어이, 여보세요[부르는 소리]

☐ 导游 dǎoyóu 명 가이드

☐ 下 xià 동 내리다

☐ 一路 yílù 명 도중, 노중

☐ 辛苦 xīnkǔ 명 동 수고(하다), 고생(하다)

☐ 出口 chūkǒu 명 출구

☐ 过来 guòlai 동 오다[화자가 있는 방향으로 다가옴]

☐ 马上 mǎhàng 부 곧, 즉시

☐ 过去 guòqu 동 지나가다[화자가 있는 지점을 거쳐 지나감]

☐ 见到 jiàndào 동 만나다

☐ 先 xiān 부 먼저, 우선

☐ 饭店 fàndiàn 명 호텔, 식당

☐ 一边…一边… yìbiān…yìbiān… 접 한편으로 ~하면서 ~하다

☐ 聊 liáo 동 이야기하다, 잡담하다

☐ 大概 dàgài 부 아마도, 대개는

어법 포인트

☐ 出 chū 동 (안에서 밖으로) 나가다

☐ 进 jìn 동 (밖에서 안으로) 들다

☐ 回来 huílai 동 돌아오다, 되돌아오다

☐ 就 jiù 부 바로, 곧

☐ 出发 chūfā 동 출발하다

☐ 起飞 qǐfēi 동 (비행기가) 이륙하다, 날아오르다

대화1 목적지에 도착하여 가이드에게 전화를 건다.

Jīn Dōngyuán
金东沅

Wéi, dǎoyóu. Nín hǎo! Wǒmen xiànzài xià fēijī le.

喂，导游。您好！我们现在下飞机了。

dǎoyóu
导游

Nǐmen hǎo. Yílù xīnkǔ le.

你们好。一路辛苦了。

Jīn Dōngyuán
金东沅

Nín xiànzài zài nǎr?

您现在在哪儿?

dǎoyóu
导游

Wǒ zài yī hào chūkǒu. Nǐmen guòlai ba!

我在一号出口。你们过来吧！

Jīn Dōngyuán
金东沅

Hǎo de. Xiànzài mǎshàng guòqu.

好的。现在马上过去。

대화2 가이드와 만나 인사를 나눈다.

导游
dǎoyóu

Wǒ shì dǎoyóu. Jiàndào nǐmen hěn gāoxìng.

我是导游。见到你们很高兴。

金东沅
Jīn Dōngyuán

Jiàndào nín wǒmen yě hěn gāoxìng.

见到您我们也很高兴。

导游
dǎoyóu

Qǐng shàngchē. Wǒmen xiān qù fàndiàn chī fàn,

请上车。我们先去饭店吃饭，

yíhuìr wǒmen yìbiān chī yìbiān liáo ba.

一会儿我们一边吃一边聊吧。

王京
Wáng Jīng

Hǎo a. Qù fàndiàn xūyào duō cháng shíjiān?

好啊。去饭店需要多长时间？

导游
dǎoyóu

Dàgài liǎng ge xiǎoshí.

大概两个小时。

어법 포인트

1 방향보어 来/去

방향보어는 동사 뒤에서 동작이나 행위의 방향을 나타내는 보충 역할을 한다. 방향을 나타내는 동사 来와 去를 '단순방향보어'라고 한다. 来는 동작의 방향이 말하는 사람에게 가까워지는 것을 나타내고 去는 동작의 방향이 말하는 사람에게서 멀어지는 것을 나타낸다. 그 외에 上, 下, 进, 出, 回, 过, 起 등이 있으며 주로 [동사+단순방향보어]의 구조로 쓰인다.

▶예문

Nǐ jìnqu ba.
你进去吧。 들어가세요.

Tā chūqu le.
他出去了。 그는 나갔다.

Qǐng nín guòlai ba.
请您过来吧。 이쪽으로 오세요.

Tā cóng xuéxiào huílai le.
她从学校回来了。 그녀는 학교에서 돌아왔다.

2 접속사 一边

접속사 一边은 두 가지 이상의 동작이 동시에 진행될 때 사용하며 '한편으로 ~하면서 ~하다'라고 해석한다. 일반적으로 동사 앞에 위치하며 앞의 一는 생략할 수 있다.

▶예문

Wǒmen yìbiān chī yìbiān liáo ba.
我们一边吃一边聊吧。 우리 먹으면서 이야기해요.

Wǒ yìbiān kàn shū yìbiān tīng yīnyuè.
我一边看书一边听音乐。 나는 책을 보면서 음악을 듣는다.

Bàba yìbiān kàn diànshì yìbiān hē kāfēi.
爸爸一边看电视一边喝咖啡。 아빠는 TV를 보면서 커피를 마신다.

Dìdi yìbiān xiě zuòyè yìbiān jiē diànhuà.
弟弟一边写作业一边接电话。 남동생은 과제를 하면서 전화를 받는다.

3 부사 马上

'곧', '바로'라는 뜻으로, 일이 짧은 시간 내에 발생하는 것을 나타내며 부사 就와 함께 사용하기
도 한다.

▶예문

Xiànzài mǎshàng guòqu.
现在马上过去。 지금 바로 갈게.

Wǒ mǎshàng jiù huílai.
我马上就回来。 나 금방 갔다 올게.

Wǒmen mǎshàng jiù chūfā.
我们马上就出发。 우리 곧 출발해.

Fēijī mǎshàng jiù yào qǐfēi le.
飞机马上就要起飞了。 비행기가 곧 이륙하려고 해.

확장 연습

Track 07-04

1 이쪽으로 오세요! ✎

guò	过
guòlai	过来
guòlai ba	过来吧
Nǐmen guòlai ba!	你们过来吧!

2 우리 먹으면서 이야기해요! ✎

yìbiān	一边
yìbiān chī	一边吃
yìbiān chī yìbiān liáo	一边吃一边聊
Wǒmen yìbiān chī yìbiān liáo ba!	我们一边吃一边聊吧!

3 나 비행기에서 내렸어. ✎

fēijī	飞机
xià fēijī	下飞机
xià fēijī le	下飞机了
Wǒ xià fēijī le.	我下飞机了。

듣기 연습

1 다음 녹음을 듣고 주어진 단어의 올바른 발음을 골라보세요. Track 07-05

(1) 聊　　liǎo　liáo

(2) 一边　yìbián　yìbiān

(3) 导游　dǎoyǒu　dǎoyóu

(4) 过来　guòlāi　guòlai

(5) 出口　chūkǒu　chùkǒu

(6) 上车　shàngchē　shāngchē

2 다음 녹음을 듣고 내용과 일치하는 그림을 골라보세요. Track 07-06

A

B

C

D

(1) _____　　(2) _____　　(3) _____　　(4) _____

말하기 연습

3 제시된 단어를 사용하여 그림의 상황에 알맞은 대화를 만들어 보세요.

(1)

Nǐ xiànzài zài nǎr?
A 你现在在哪儿?

B ＿＿＿＿＿＿＿＿＿＿＿＿。 (一楼, 下来)

Hǎo de.
A 好的。＿＿＿＿＿＿＿＿。 (马上, 下去)

(2)

Nǐ zài nǎr?
A 你在哪儿?

B ＿＿＿＿＿＿＿＿＿＿＿＿。 (咖啡厅, 过来)

Hǎo de.
A 好的。＿＿＿＿＿＿＿＿。 (马上, 过去)

(3)

Tā zài zuò shénme?
A 他在做什么?

B ＿＿＿＿＿＿＿＿＿＿＿＿＿。
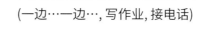
(一边…一边…, 写作业, 接电话)

(4)

Tā zài zuò shénme?
A 她在做什么?

B ＿＿＿＿＿＿＿＿＿＿＿＿＿。
(一边…一边…, 听音乐, 跑步)

💡 단어 ⋯⋯⋯⋯⋯⋯⋯⋯⋯⋯⋯⋯⋯⋯⋯⋯⋯⋯⋯⋯⋯⋯⋯⋯⋯⋯⋯⋯⋯⋯⋯⋯⋯⋯⋯⋯

楼 lóu 명 층 跑步 pǎobù 동 달리다

4 다음 대화에 밑줄 친 부분을 제시된 단어로 바꾸어 말해 보세요.

(1)　A Nín xiànzài zài nǎr?
　　　您现在在哪儿?

　　　B Wǒ zài yī hào chūkǒu, nǐ guòlai ba.
　　　我在一号出口，你进来吧。

> ① 他 tā
> 学校门口 xuéxiào ménkǒu
> 过去 guòqu
>
> ② 他们 tāmen
> 五楼 wǔ lóu
> 上来 shànglai
>
> ③ 她 tā
> 饭店 fàndiàn
> 进去 jìnqu

(2)　A Wǒmen yìbiān chī yìbiān liáo ba.
　　　我们一边吃一边聊吧。

　　　B Hǎo a.
　　　好啊。

> ① 吃 chī
> 看电视 kàn diànshì
>
> ② 喝 hē
> 聊 liáo
>
> ③ 写作业 xiě zuòyè
> 听音乐 tīng yīnyuè

5 다음 제시된 표현을 활용하여 주제에 맞게 말해 보세요.

> 주제　아래의 상황에 대해 묻고 대답하기
>
> 표현　A 今天你几点出来?
> 　　　B 我上午七点半出来。

　　(1) 上课　　(2) 回家　　(3) 吃午饭　　(4) 起床

🔊 단어 ···

门口 ménkǒu 몡 입구, 현관　午饭 wǔfàn 몡 점심(밥)

➕ 공항

🔊 Track 07-07

乘务员 chéngwùyuán
승무원

护照 hùzhào
여권

登机牌 dēngjīpái
탑승권

签证 qiānzhèng
비자

入境卡 rùjìngkǎ
입국 신고서

自助值机 zìzhùzhíjī
셀프 체크인

登机口 dēngjīkǒu
탑승 게이트

安检门 ānjiǎnmén
보안 검색대

经济舱 jīngjìcāng
이코노미석

商务舱 shāngwùcāng
비즈니스석

头等舱 tóuděngcāng
일등석

机内餐 jīnèicān
기내식

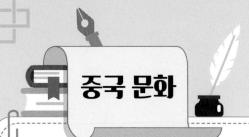

중국 문화

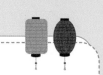
Track 07-08

Zhào jìng jiàn báifà
照镜见白发

조경견백발(거울을 비춰 백발을 보다)

(Táng) Zhāng Jiǔlíng
（唐）张九龄 장구령

Sùxī qīngyún zhì,
宿昔青云志,　　　　먼 옛날 청운의 뜻을 품었지만,

cuōtuó báifà nián.
蹉跎白发年。　　　　헛디뎌 넘어져 보니 어느새 백발이 되었네.

Shéi zhī míng jìng lǐ,
谁知明镜里,　　　　누가 알겠는가, 맑은 거울 속에

xíngyǐng zìxiāng lián.
形影自相怜。　　　　내 몸과 그림자가 서로 불쌍히 여기네.

 단어　宿昔 sùxī 男 옛날, 이전　青云 qīngyún 명 푸른 구름　志 zhì 명 뜻, 의지　蹉 cuō 동 넘어지다　跎 tuó 동 헛
디디다　谁 shéi 때 누구　镜 jìng 명 거울　形影 xíngyǐng 명 형체와 그림자　自相 zìxiāng 男 자기들끼리 서로
怜 lián 동 불쌍히(가엾이) 여기다

这家餐厅是
我朋友推荐的。
여기는 내 친구가
추천해 준 식당이야.

학습 목표

방향이나 위치를 나타낼 수 있다.

학습 내용

① 방위사

② 是…的 구문

③ 동사 중첩

단어

실전 대화

□ 请 qǐng 동 (식사 따위에)초대하다, 한턱 내다

□ 全聚德 Quánjùdé 명 취안쥐더 [베이징에 있는 유명 오리 전문점]

□ 王府井 Wángfǔjǐng 명 왕푸징 [베이징의 번화가]

□ 站 zhàn 명 역, 정류장

□ 出来 chūlai 동 (안에서 밖으로) 나오다

□ 一直 yìzhí 부 곧장, 똑바로, 곧바로

□ 往 wǎng 개 ~쪽으로, ~(을) 향해

□ 第 dì 접두 제[차례의 몇 째를 가리킴]

□ 路口 lùkǒu 명 길목, 교차로

□ 右 yòu 명 오른쪽, 우측

□ 拐 guǎi 동 방향을 바꾸다

□ 到 dào 동 도착하다, 도달하다

□ 菜单 càidān 명 메뉴(판)

□ 帮 bāng 동 돕다

□ 点 diǎn 동 주문하다

□ 餐厅 cāntīng 명 식당, (숙박업소 등의) 부설 식당

□ 推荐 tuījiàn 동 추천하다

어법 포인트

□ 边 bian 명 쪽, 측, 방면

□ 面 miàn 접미 쪽, 측, 방면

□ 头 tou 명 쪽, 측, 방면

□ 桌子 zhuōzi 명 테이블, 책상

□ 电脑 diànnǎo 명 컴퓨터

□ 公园 gōngyuán 명 공원

□ 邮局 yóujú 명 우체국

□ 尝 cháng 동 맛보다

□ 复习 fùxí 동 복습하다

□ 介绍 jièshào 동 소개하다

Track 08-02

대화1 김동원이 왕징에게 식당 추천을 부탁한다.

Jīn Dōngyuán
金东沅

Wǒ yào qǐng péngyou chī fàn. Qù nǎr chī hǎo ne?
我要请朋友吃饭。去哪儿吃好呢？

Wáng Jīng
王京

Qù Quánjùdé chī Běijīng kǎoyā, zěnmeyàng?
去全聚德吃北京烤鸭，怎么样？

Jīn Dōngyuán
金东沅

Hǎo a. Qù Quánjùdé zěnme zǒu?
好啊。去全聚德怎么走？

Wáng Jīng
王京

Zài Wángfǔjǐng zhàn xiàchē. Cóng A chūkǒu chūlai,
在王府井站下车。从A出口出来，

yìzhí wǎng qián zǒu, dì yí ge lùkǒu wǎng yòu guǎi, zǒu wǔ fēnzhōng jiù dào.
一直往前走，第一个路口往右拐，走五分钟就到。

🔊 Track 08-03

대화2 김동원과 리우팅팅이 식당에서 메뉴를 고른다.

Jīn Dōngyuán
金东沅
> Nǐ kànkan càidān. Nǐ xiǎng chī shénme?
> 你看看菜单。你想吃什么？

Liú Tíngtíng
刘婷婷
> Háishi nǐ bāng wǒ diǎn ba.
> 还是你帮我点吧。

Jīn Dōngyuán
金东沅
> Zhè jiā cāntīng shì wǒ péngyou tuījiàn de.
> 这家餐厅是我朋友推荐的。
>
> Tā shuō zhèlǐ de kǎoyā fēicháng hǎochī.
> 她说这里的烤鸭非常好吃。

Liú Tíngtíng
刘婷婷
> Nà wǒmen jiù chī kǎoyā ba!
> 那我们就吃烤鸭吧！

1 방위사

방위사는 방향이나 위치를 나타내는 명사로, 주로 뒤에 접미사 边을 붙여 사용한다. 그 외에
面, 头 등을 붙여 사용할 수 있다.

	上 shàng 위	下 xià 아래	左 zuǒ 왼(쪽)	右 yòu 오른(쪽)	前 qián 앞	后 hòu 뒤	里 lǐ 안	外 wài 밖	旁 páng 옆	对 duì 맞은(편)
边 bian 쪽	上边 shàngbian	下边 xiàbian	左边 zuǒbian	右边 yòubian	前边 qiánbian	后边 hòubian	里边 lǐbian	外边 wàibian	旁边 pángbiān	-
面 miàn 쪽	上面 shàngmian	下面 xiàmian	左面 zuǒmian	右面 yòumian	前面 qiánmian	后面 hòumian	里面 lǐmian	外面 wàimian	-	对面 duìmian
头 tou 쪽	上头 shàngtou	下头 xiàtou	-	-	前头 qiántou	后头 hòutou	里头 lǐtou	外头 wàitou	-	-

▶예문

Shū zài zhuōzi shàngbian.
书在桌子上边。 책은 책상 위에 있다.

Shǒujī zài diànnǎo hòubian.
手机在电脑后边。 핸드폰은 컴퓨터 뒤에 있다.

Qiánbian yǒu yí ge gōngyuán.
前边有一个公园。 앞에는 공원이 하나 있다.

Xuéxiào zài yóujú yòubian.
学校在邮局右边。 학교는 우체국 오른쪽에 있다.

어법 포인트

2 是…的 구문

이미 실현된 동작의 발생 시간, 장소, 방식, 수단이나 목적 등을 구체적으로 강조할 때 사용하는 구문이다. 주로 [주어+是+강조하는 내용+的]의 구조로 쓰이며 긍정문에서 是를 생략할 수 있지만 부정문에서는 是를 생략할 수 없다.

▶예문

> Nǐ shì zěnme lái xuéxiào de?
> **A** 你是怎么来学校的? 너 학교에 어떻게 왔니?
>
> Wǒ shì zuò gōngjiāochē lái de.
> **B** 我是坐公交车来的。 나는 버스 타고 왔어.
>
> Zhè jiā cāntīng shì wǒ péngyou tuījiàn de.
> 这家餐厅是我朋友推荐的。 여기는 내 친구가 추천해 준 식당이야.
>
> Zhè běn shū bú shì wǒ xiě de.
> 这本书不是我写的。 이 책은 내가 쓴 게 아니다.

3 동사 중첩

동사 중첩은 동사를 두 번 반복해 사용하며 '시도해 보다'라는 의미로 해석한다. 이때 동작의 시간이 짧거나 가볍게 시도한다는 의미로 부드러운 어기를 나타낸다. 단음절 동사의 경우 'AA', 'A—A'의 형식으로 중첩되고 이음절 동사의 경우 'ABAB'의 형식으로 중첩된다.

단음절 동사 중첩	AA	看看 kànkan	走走 zǒuzou	尝尝 chángchang	听听 tīngting
	A—A	看一看 kàn yi kàn	走一走 zǒu yi zǒu	尝一尝 cháng yi cháng	听一听 tīng yi tīng
이음절 동사 중첩	ABAB	复习复习 fùxí fùxí	休息休息 xiūxi xiūxi	学习学习 xuéxí xuéxí	介绍介绍 jièshào jièshào

▶예문

> Nǐ kànkan càidān.
> 你看看菜单。 메뉴 좀 봐 봐.
>
> Qǐng nǐ jièshào jièshào.
> 请你介绍介绍。 소개 좀 해 주세요.

확장 연습

1 계속 직진하세요.

qián	前
wǎng qián	往前
wǎng qián zǒu	往前走
Yìzhí wǎng qián zǒu.	一直往前走。

2 여기는 내 친구가 추천해 준 식당이야.

tuījiàn	推荐
péngyou tuījiàn	朋友推荐
shì wǒ péngyou tuījiàn de	是我朋友推荐的
Zhè jiā cāntīng shì wǒ péngyou tuījiàn de.	这家餐厅是我朋友推荐的。

3 메뉴 좀 봐 봐.

kàn	看
kànkan	看看
kànkan càidān	看看菜单
Nǐ kànkan càidān.	你看看菜单。

듣기 연습

1 다음 녹음을 듣고 주어진 단어의 올바른 발음을 골라보세요.

(1) 拐　　guái　guǎi

(2) 推荐　tuījiàn　tuíjiián

(3) 菜单　cáidān　càidān

(4) 前面　qiánmian　qiǎnmiān

(5) 一直　yìzhǐ　yìzhí

(6) 烤鸭　kǎoyá　kǎoyā

2 다음 녹음을 듣고 내용과 일치하는 그림을 골라보세요.

A

B

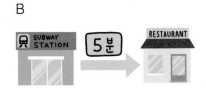

C

D

(1) _____　(2) _____　(3) _____　(4) _____

말하기 연습

3 제시된 단어를 사용하여 그림의 상황에 알맞은 대화를 만들어 보세요.

(1)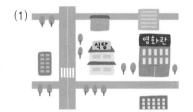

Qǐngwèn, diànyǐngyuàn zài nǎr?
A 请问，电影院在哪儿？

B _____。 (餐厅, 右边)

(2)

Qù gòuwù zhōngxīn zěnme zǒu?
A 去购物中心怎么走？

Yìzhí wǎng qián zǒu,
B 一直往前走，_____。 (路口, 右)

(3)

Nǐ shì jǐ diǎn chūlai de?
A 你是几点出来的？

B _____。 (八点)

(4)

A _____！ (尝尝, 蛋糕)

Hǎode.
B 好的。

💡 단어 ··

购物中心 gòuwù zhōngxīn 몡 쇼핑센터

말하기 연습

4 다음 대화에 밑줄 친 부분을 제시된 단어로 바꾸어 말해 보세요.

(1)

Zhè jiā cāntīng shì shéi tuījiàn de?

A 这家餐厅是<u>谁</u>推荐的?

Zhè jiā cāntīng shì wǒ péngyou tuījiàn de.

B 这家餐厅是<u>我朋友</u>推荐的。

---

① 这件衣服 zhè jiàn yīfu

在哪儿 zài nǎr, 买 mǎi

在商店 zài shāngdiàn

② 她 tā

什么时候 shénme shíhòu, 来 lái

十点 shí diǎn

③ 他 tā

怎么 zěnme, 去 qù

坐地铁 zuò dìtiě

---

(2)

Qù Quánjùdé zěnme zǒu?

A 去全聚德怎么走?

Yìzhí wǎng qián zǒu, dì yí ge lùkǒu wǎng yòu guǎi.

B 一直往<u>前</u>走,第<u>一</u>个路口往<u>右</u>拐。

---

① 大使馆 dàshǐguǎn

前 qián, 二 èr, 左 zuǒ

② 电影院 diànyǐngyuàn

前 qián, 一 yī, 右 yòu

③ 免税店 miǎnshuìdiàn

前 qián, 二 èr, 左 zuǒ

---

5 다음 제시된 단어를 활용하여 주제에 맞게 말해 보세요.

주제 방위사를 활용하여 각 사물의 위치를 설명하기

표현 手机在桌子上边。

단어 桌子　　电脑　　咖啡　　书　　足球

💬 **단어** ……………………………………………………………………………………………………

大使馆 dàshǐguǎn 몡 대사관　免税店 miǎnshuìdiàn 몡 면세점

+ 중국의 대표 음식

饺子 jiǎozi
교자

馄饨 húntun
훈툰

炸酱面 zhájiàngmiàn
자장면

锅包肉 guōbāoròu
탕수육

鸡蛋炒饭 jīdàn chǎofàn
계란볶음밥

西红柿炒鸡蛋
xīhóngshì chǎo jīdàn
토마토 계란볶음

宫保鸡丁 gōngbǎojī dīng
궁보계정 (궁바오지딩)

鱼香肉丝 yúxiāngròusī
어향육사 (위샹러우쓰)

麻婆豆腐 mápódòufu
마파두부

麻辣香锅 málà xiāng guō
마랄향과 (마라샹궈)

麻辣烫 málàtàng
마라탕

地三鲜 dìsānxiān
지삼선

Qīngyún zhī zhì

青云之志

청운지지(푸른 구름과 같다)

청운은 '푸른 구름'이라는 뜻으로, 예로부터 중국에서는 신선이 있는 곳이나 천자가 될 사람이 있는 곳에 푸름 구름이 떠 있다고 한다. 이러한 연유로 청운은 '높은 지위나 명예'를 의미한다. 당나라 때, 장구령이라는 어진 재상이었다. 그는 성품이 강직하여 많은 사람들의 칭송을 받았는데, 간신 이인보(李林甫, Lǐ Línfǔ)의 모략에 의해 파직되어 초야에서 여생을 보내게 되었다. 그가 지난 시간을 돌이켜 보며 쓸쓸한 회포를 진하게 담은 시를 한 수 지었다.

먼 옛날 청운의 뜻을 품었지만, 헛디더 넘어져 보니 어느새 백발이 되었네.
누가 알겠는가 맑은 거울 속에 내 몸과 그림자가 서로 불쌍히 여기네.

이 시는 장구령의 「조경견백발(照镜见白发, Zhào jìng jiàn báifà)」이라는 오언 절구로, 그는 젊어서 큰 뜻을 품었지만, 이루어 놓은 것도 없이 세월만 흘러갔다는 아쉬움을 표현하고 있다. '청운지지(청운의 뜻)'는 입신출세를 하고 싶은 마음 또는 속세를 벗어나고 싶은 마음을 비유한 말로, 여기서 '청운지지'가 유래되었다.

-7과 「조경견백발(照镜见白发)」 참고

09

西安的兵马俑 非常有名。
시안의 병마용은 아주 유명해요.

학습 목표

가정 관계를 나타낼 수 있다.

학습 내용

① 개사 对

② 접속사 先…然后…

③ 접속사 如果

단어

실전 대화

☐ 西安 Xī'ān 명 시안[산시(山西)성의
　　　　　　　중심 도시]

☐ 兵马俑 Bīngmǎyǒng 명 병마용

☐ 有名 yǒumíng 형 유명하다

☐ 对 duì 개 ～에 대하여

☐ 感兴趣 gǎn xìngqù 동 흥미를 느끼다

☐ 先… 然后… xiān… ránhòu…
　　접 먼저(우선) ～하고 그러고 나서 ～하다

☐ 为 wèi 개 ～에게, ～을 위하여[행위의
　　　　　　　대상을 나타냄]

☐ 详细 xiángxì 형 상세하다, 자세하다

☐ 觉得 juéde 동 ～라고 생각하다, 느끼다

☐ 保存 bǎocún 동 보존하다

☐ 完整 wánzhěng 동 완전무결하다

☐ 如果 rúguǒ 접 만약, 만일[뒤에 就, 便
　　　　　　　등을 수반함]

☐ 更 gèng 부 더, 더욱

☐ 遗址 yízhǐ 명 유적

☐ 观看 guānkàn 동 (연극, 영화, 경기 등을)
　　　　　　　구경하다, 관람하다

☐ 可惜 kěxī 형 아깝다, 애석하다

☐ 得 děi 조동 (마땅히) ～해야 한다

☐ 机会 jīhuì 명 기회

어법 포인트

☐ 汽车 qìchē 명 자동차

☐ 观光 guānguāng 동 관광하다

☐ 下雨 xiàyǔ 동 비가 내리다

☐ 爬山 páshān 동 등산하다

🎧 Track 09-02

대화1 왕징과 김동원이 가이드와 대화를 나눈다.

dǎoyóu
导游

Xī'ān de Bīngmǎyǒng fēicháng yǒumíng.
西安的兵马俑非常有名。

Wáng Jīng
王京

Wǒ duì Bīngmǎyǒng hěn gǎn xìngqù. Wǒ xiǎng kuài diǎnr qù kàn.
我对兵马俑很感兴趣。我想快点儿去看。

dǎoyóu
导游

Nà wǒmen xiān chī fàn, ránhòu qù kàn Bīngmǎyǒng.
那我们先吃饭，然后去看兵马俑。

Dào shíhou wèi nǐmen zuò xiángxì de jièshào.
到时候为你们做详细的介绍。

🎧 Track 09-03

대화2 가이드가 병마용을 본 소감을 묻는다.

导游
dǎoyóu
Nǐmen juéde Bīngmǎyǒng zěnmeyàng?
你们觉得兵马俑怎么样?

金东沅
Jīn Dōngyuán
Wǒ juéde Bīngmǎyǒng bǎocún de fēicháng wánzhěng.
我觉得兵马俑保存得非常完整。

导游
dǎoyóu
Rúguǒ yǒu shíjiān, wǒmen jiù néng qù gèng duō de yízhǐ guānkàn.
如果有时间，我们就能去更多的遗址观看。

王京
Wáng Jīng
Zhēn kěxī míngtiān jiù děi zǒu le. Xiàcì yǒu jīhuì zài qù ba.
真可惜明天就得走了。下次有机会再去吧。

어법 포인트

1 개사 对

개사 对는 동작이 향하는 대상 또는 벌어진 일과 관련되어 있는 대상을 나타낸다.

▶예문

> Tā duì wǒ hěn hǎo.
> 他对我很好。 그는 나에게 잘 해준다.
>
> Yùndòng duì shēntǐ hěn hǎo.
> 运动对身体很好。 운동은 건강에 좋다.
>
> Wǒ duì qìchē gǎn xìngqù.
> 我对汽车感兴趣。 나는 자동차에 관심이 있다.
>
> Wǒmen duì Bīngmǎyǒng hěn gǎn xìngqù.
> 我们对兵马俑很感兴趣。 우리는 병마용에 대해 관심이 매우 많다.

2 접속사 先… 然后…

先… 然后…는 두 가지 사건이나 일의 순서 등 선후 관계를 나타내는 접속사로, '먼저(우선) ∼하고 그리고 나서 ∼하다'라고 해석한다.

▶예문

> Wǒmen xiān jiànmiàn, ránhòu yìqǐ qù ba.
> 我们先见面，然后一起去吧。 우리 만나서 같이 가자.
>
> Wǒmen xiān chī fàn, ránhòu qù guānkàn ba.
> 我们先吃饭，然后去观看吧。 우리 먼저 식사하고 관람하러 가자.
>
> Nǐmen xiān zuò zuòyè, ránhòu wánr yóuxì ba!
> 你们先做作业，然后玩游戏吧！ 너희들 먼저 숙제하고 나서 게임해!
>
> Wǒ xiān qù le Shǒu'ěr, ránhòu qù le Fǔshān.
> 我先去了首尔，然后去了釜山。 나는 먼저 서울에 갔다가 부산으로 갔다.

어법 포인트

3 접속사 如果

如果는 가정을 나타내는 접속사로, 뒤에는 주로 결과를 나타내는 부사 就를 수반한다.
'(만약) ~한다면 ~하다'라고 해석하며 如果 대신 要是로 대체할 수 있다.

▶예문

Rúguǒ míngtiān xiàyǔ, wǒ jiù bú qù.
如果明天下雨，我就不去。 내일 비가 오면 나는 안 갈 거야.

Rúguǒ dōngxi tài guì, wǒ jiù bù mǎi.
如果东西太贵，我就不买。 만약 물건이 비싸면 나는 안 살 거야.

Rúguǒ yǒu shíjiān, wǒmen jiù qù guàngjiē.
如果有时间，我们就去逛街。 시간 있으면 우리 같이 구경 가자.

Rúguǒ tiānqì hěn hǎo, wǒmen jiù kěyǐ páshān.
如果天气很好，我们就可以爬山。 날씨가 좋으면 우리 등산할 수 있어.

확장 연습

1 저는 병마용에 대해 관심이 있어요. Track 09-04

gǎn xìngqù	感兴趣
duì Bīngmǎyǒng gǎn xìngqù	对兵马俑感兴趣
Wǒ duì Bīngmǎyǒng gǎn xìngqù.	我对兵马俑感兴趣。

2 우리 먼저 식사하고 병마용 보러 가요.

xiān chī fàn	先吃饭
xiān chī fàn, ránhòu qù kàn	先吃饭, 然后去看
xiān chī fàn, ránhòu qù kàn Bīngmǎyǒng	先吃饭, 然后去看兵马俑
Wǒmen xiān chī fàn, ránhòu qù kàn Bīngmǎyǒng.	我们先吃饭, 然后去看兵马俑。

3 만약 시간이 있다면, 더 많은 유적을 볼 수 있어요.

Rúguǒ yǒu shíjiān, wǒmen jiù néng qù yízhǐ	如果有时间, 我们就能去遗址
Rúguǒ yǒu shíjiān, wǒmen jiù néng qù gèng duō de yízhǐ	如果有时间, 我们就能去更多的遗址
Rúguǒ yǒu shíjiān, wǒmen jiù néng qù gèng duō de yízhǐ guānkàn.	如果有时间, 我们就能去更多的遗址观看。

듣기 연습

Track 09-05

1 다음 녹음을 듣고 주어진 단어의 올바른 발음을 골라보세요.

(1) 非常　fēicháng　féicháng

(2) 有名　yǒumǐng　yǒumíng

(3) 观看　guánkàn　guānkàn

(4) 遗址　yízhǐ　yīzhī

(5) 如果　rūguǒ　rúguǒ

(6) 然后　ránhòu　rǎnhǒu

Track 09-06

2 다음 녹음을 듣고 내용과 일치하는 그림을 골라보세요.

(1) _____　　(2) _____　　(3) _____　　(4) _____

3 제시된 단어를 사용하여 그림의 상황에 알맞은 대화를 만들어 보세요.

(1)

Nǐ duì shénme gǎn xìngqù?
A 你对什么感兴趣？

B ＿＿＿＿＿＿＿＿＿＿＿＿＿＿＿。 (汽车)

(2)

A ＿＿＿＿＿＿＿＿＿＿＿＿＿？ (感兴趣)

Tā duì tiàowǔ gǎn xìngqù.
B 他对跳舞感兴趣。

(3)

Rúguǒ yǒu shíjiān, nǐ xiǎng zuò shénme?
A 如果有时间，你想做什么？

Rúguǒ yǒu shíjiān,
B 如果有时间，＿＿＿＿＿＿＿＿＿。 (逛街)

(4)

A ＿＿＿＿＿＿＿＿＿＿＿＿＿＿＿！
(先…然后…, 作业, 游戏)

Hǎo de.
B 好的。

4 다음 대화에 밑줄 친 부분을 제시된 단어로 바꾸어 말해 보세요.

(1) Nǐ duì shénme gǎn xìngqù?
A 你对什么感兴趣？

Wǒ duì Bīngmǎyǒng gǎn xìngqù.
B 我对兵马俑感兴趣。

---
① 运动 yùndòng   ② 化妆品 huàzhuāngpǐn   ③ 电视剧 diànshìjù

---

(2) Wǒmen xiān chī fàn, ránhòu qù guānguāng ba.
我们先吃饭，然后去观光吧。

---
① 我们 wǒmen	② 你 nǐ	③ 我们 wǒmen
去釜山 qù Fǔshān	洗手 xǐshǒu	去上课 qù shàngkè
去济州岛 qù Jìzhōudǎo	吃饭 chī fàn	再聊 zài liáo

---

5 다음 제시된 표현을 활용하여 주제에 맞게 말해 보세요.

주제 아래 질문을 보고 자신의 상황에 맞게 말하기

표현 如果有时间，我们就能去更多的遗址观看。

(1) 如果今天没有课，你会做什么？

(2) 如果可以免费旅游，你会去哪儿？

(3) 如果你有很多钱，你会做什么？

💡 **단어**

化妆品 huàzhuāngpǐn 몡 화장품   电视剧 diànshìjù 몡 드라마, 연속극   洗手 xǐshǒu 동 손을 씻다   免费 miǎnfèi 동 무료로 하다

플러스 어휘

+ 중국의 대표 관광지

北京 天安门
Běijīng Tiān'ānmén
베이징 천안문

北京 长城
Běijīng Chángchéng
베이징 만리장성

北京 颐和园
Běijīng Yíhéyuán
베이징 이화원

上海 外滩
Shànghǎi Wàitān
상하이 와이탄

上海 东方明珠
Shànghǎi Dōngfāngmíngzhū
상하이 동방명주

上海 豫园
Shànghǎi Yùyuán
상하이 예원

杭州 西湖
Hángzhōu Xīhú
항저우 시후

山东 泰山
Shāndōng Tàishān
산둥 타이산

湖南 张家界
Húnán Zhāngjiājiè
후난 장자제

西安 兵马俑
Xī'ān Bīngmǎyǒng
시안 병마용

桂林 漓江
Guìlín Líjiāng
구이린 리쟝

四川 乐山大佛
Sìchuān Lèshāndàfó
쓰촨 러산의 대불

Yŏng liǔ

咏柳

영류(버드나무를 노래하다)

 Track 09-08

(Táng) Hè Zhīzhāng

（唐）賀知章 하지장

Bìyù zhuāng chéng yí shù gāo,

碧玉妆成一树高，

푸른 옥으로 단장한 높다란 나무,

wàntiáo chuí xià lǜ sī tāo.

万条垂下绿丝绦。

쭉쭉 늘어진 가지들 푸른 실타래 같네.

Bù zhī xìyè shéi cái chū,

不知细叶谁裁出，

가느다란 잎사귀 누가 잘라 냈을까,

èryuè chūnfēng sì jiǎndāo.

二月春风似剪刀。

2월의 봄바람은 마치 가위와 같네.

 단어 咏 yǒng 동 읊다 柳 liǔ 명 버들가지 碧玉 bìyù 명 푸른 빛의 옥 妆 zhuāng 동 장식하다 树 shù 명 나무
万 wàn 형 매우 많은 条 tiáo 명 가지 垂 chuí 동 늘어뜨리다 绦 tāo 명 여러 가닥으로 땋은 끈[띠] 裁 cái 동 자
르다 似 sì 동 ~와 같다 剪刀 jiǎndāo 명 가위

10

请把后备箱打开一下!
트렁크 좀 열어 주세요!

학습 목표

동작의 진행 방향을 나타낼 수 있다.

학습 내용

① 把자문
② 복합방향보어
③ 조사 的话

단어

Track 10-01

실전 대화

□ 把 bǎ 개 ~을, 를[목적어를 동사 앞으로 전치시킬 때 씀]

□ 后备箱 hòubèixiāng 명 (자동차) 트렁크

□ 打开 dǎkāi 동 열다

□ 行李箱 xínglǐxiāng 명 여행 가방, 캐리어

□ 放 fàng 동 놓다

□ 进去 jìnqu 동 들어가다

□ 堵车 dǔchē 동 차가 막히다

□ …的话 …de huà 조 ~하다면 [가정을 나타냄]

□ 这几天 zhè jǐ tiān 요즘, 요 며칠

□ 安排 ānpái 명 동 안배(하다), 처리(하다)

□ 不用 búyòng 동 ~할 필요가 없다

□ 欢迎 huānyíng 동 환영하다

어법 포인트

□ 门 mén 명 문

□ 拿 ná 동 (손에) 쥐다, 가지다

□ 空盘子 kōng pánzi 명 빈 접시

□ 送 sòng 동 보내다, 전달하다

□ 问题 wèntí 명 문제, 질문

□ 随时 suíshí 부 아무 때나, 수시(로)

□ 找 zhǎo 동 찾다

120

🔊 Track 10-02

대화1 왕징과 김동원이 자동차 트렁크에 여행 가방을 싣는다.

dǎoyóu
导游
Nǐmen zài zhèr děng yíxià. Wǒ bǎ chē kāi guòlai.
你们在这儿等一下。我把车开过来。

Wáng Jīng
王京
Hǎo de.
好的。

Jīn Dōngyuán
金东沅
Qǐng bǎ hòubèixiāng dǎkāi yíxià! Wǒ bǎ xínglǐxiāng fàng jìnqu.
请把后备箱打开一下！我把行李箱放进去。

dǎoyóu
导游
Hòubèixiāng dǎkāi le. Wǒ bāng nǐmen fàng xínglǐxiāng ba!
后备箱打开了。我帮你们放行李箱吧！

Jīn Dōngyuán
金东沅
Xièxie.
谢谢。

실전 대화

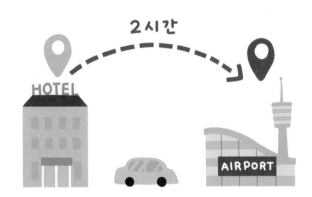

대화2 공항까지 시간이 얼마나 걸리는지 묻는다.

Wáng Jīng
王京

Dào jīchǎng xūyào duō cháng shíjiān?
到机场需要多长时间?

dǎoyóu
导游

Bù dǔchē de huà, xūyào liǎng ge xiǎoshí.
不堵车的话，需要两个小时。

Jīn Dōngyuán
金东沅

Xièxie nín zhè jǐ tiān de ānpái.
谢谢您这几天的安排。

dǎoyóu
导游

Búyòng kèqi. Huānyíng nín xiàcì zài lái Zhōngguó wánr.
不用客气。欢迎您下次再来中国玩儿。

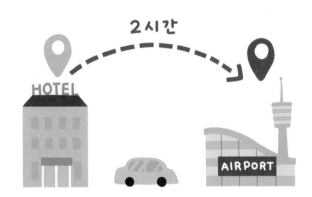

어법 포인트

1 把자문

목적어를 동사 앞으로 둘 때, 把를 목적어 앞에 두어 동작의 행위에 대한 강조의 의미를 갖는다. 일반적으로 [주어+把+목적어+술어+기타 성분]의 구조로 쓰인다.

▶예문

Qǐng bǎ càidān gěi wǒ.
请把菜单给我。 제게 메뉴판 좀 주세요.

Nǐ bǎ shū fàng zài nǎr le?
你把书放在哪儿了？ 너 책을 어디에 놓았니?

Qǐng bǎ chē mén dǎkāi yíxià.
请把车门打开一下。 차문 좀 열어 주세요.

Wǒ bǎ nà běn shū kàn wán le.
我把那本书看完了。 나는 그 책을 다 읽었어.

2 복합방향보어

복합방향보어는 단순방향보어 上, 下, 进 등 뒤에 来나 去를 붙여 동작의 진행 방향을 좀 더 구체적으로 나타낸다. 이때 목적어가 장소인 경우 목적어는 来/去 앞에 위치한다.

	上 shàng 오르다	下 xià 내리다	进 jìn 들다	出 chū 나가다	回 huí 되돌아오다	过 guò 지나다	起 qǐ 일어서다
来 lái 오다	上来 shànglai	下来 xiàlai	进来 jìnlai	出来 chūlai	回来 huílai	过来 guòlai	起来 qǐlai
去 qù 가다	上去 shàngqu	下去 xiàqu	进去 jìnqu	出去 chūqu	回去 huíqu	过去 guòqu	-

▶예문

Wǒ bǎ chē kāi guòlai.
我把车开过来。 내가 차를 끌고 올게.

Lǎoshī zǒu jìn jiàoshì lai le.
老师走进教室来了。 선생님이 교실로 들어왔다.

Qǐng bǎ xínglǐxiāng sòng shàngqu.
请把行李箱送上去。 여행 가방을 올려 주세요.

Qǐng bǎ kōng pánzi ná xiàqu.
请把空盘子拿下去。 빈 접시를 좀 내려 주세요.

3 조사 的话

的话는 '~하다면'이라는 의미로, 가정·가설을 나타낸다. 이때 접속사 如果 또는 要是와 함께 쓰여 [如果/要是…的话]의 구조로 쓰인다.

▶예문

Tiānqì hǎo de huà, wǒmen qù lǚyóu ba.
天气好的话，我们去旅游吧。 날씨가 좋으면 우리 여행 가자.

Bù dǔchē de huà, xūyào liǎng ge xiǎoshí.
不堵车的话，需要两个小时。 길이 막히지 않으면 2시간 걸려요.

Kěyǐ de huà, qǐng nǐ bāng wǒ mǎi dōngxi.
可以的话，请你帮我买东西。 괜찮다면 저 대신 물건 좀 사다 주세요.

Yǒu shénme wèntí de huà, kěyǐ suíshí lái zhǎo wǒ.
有什么问题的话，可以随时来找我。 무슨 문제가 있으면 언제든 저를 찾아오세요.

Track 10-04

1 트렁크 좀 열어 주세요!

hòubèixiāng	后备箱
bǎ hòubèixiāng dǎkāi	把后备箱打开
bǎ hòubèixiāng dǎkāi yíxià	把后备箱打开一下
Qǐng bǎ hòubèixiāng dǎkāi yíxià!	请把后备箱打开一下!

2 제가 여행 가방 싣는 걸 도와드릴게요!

xínglǐxiāng	行李箱
fàng xínglǐxiāng ba	放行李箱吧
bāng nǐmen fàng xínglǐxiāng ba	帮你们放行李箱吧
Wǒ bāng nǐmen fàng xínglǐxiāng ba!	我帮你们放行李箱吧!

3 공항까지 얼마나 걸리나요?

duō cháng shíjiān	多长时间
xūyào duō cháng shíjiān	需要多长时间
dào jīchǎng xūyào duō cháng shíjiān?	到机场需要多长时间?
Wǒmen dào jīchǎng xūyào duō cháng shíjiān?	我们到机场需要多长时间?

듣기 연습

1 다음 녹음을 듣고 주어진 단어의 올바른 발음을 골라보세요. Track 10-05

(1) 放　　fàng　fǎng

(2) 打开　　dǎkài　dǎkāi

(3) 进去　　jìnqu　jīnqu

(4) 堵车　　dǔchē　dúchè

(5) 机场　　jǐchǎng　jīchǎng

(6) 后备箱　hòubèixiāng　hòuběixiáng

2 다음 녹음을 듣고 내용과 일치하는 그림을 골라보세요. Track 10-06

A

B

C

D

(1) _____　　(2) _____　　(3) _____　　(4) _____

말하기 연습

3 제시된 단어를 사용하여 그림의 상황에 알맞은 대화를 만들어 보세요.

(1)

A ＿＿＿＿＿＿＿＿＿＿＿＿＿。　(雨伞, 拿过来)

Gěi nín.
B 给您。

(2)

Nín xūyào bāngmáng ma?
A 您需要帮忙吗?

B ＿＿＿＿＿＿＿＿＿＿＿＿。　(空盘子, 拿下去)

(3)

Dào jīchǎng xūyào duō cháng shíjiān?
A 到机场需要多长时间?

B ＿＿＿＿＿＿＿＿＿＿＿＿。

(的话, 公交车, 一个半小时)

(4)

nǐ xiǎng zuò shénme?
A ＿＿＿＿＿＿, 你想做什么?　(天气, 的话)

Wǒ xiǎng qù lǚyóu.
B 我想去旅游。

💡 단어 ···

雨伞 yǔsǎn 명 우산

4 다음 대화에 밑줄 친 부분을 제시된 단어로 바꾸어 말해 보세요.

(1) A Nín xūyào bāngmáng ma?
您需要帮忙吗?

B Qǐng bāng wǒ bǎ chē kāi guòlai.
请帮我把车开过来。

---
① 车门 chēmén
打开 dǎkāi

② 作业 zuòyè
交给老师 jiāogěi lǎoshī

③ 行李箱 xínglǐxiāng
放进去 fàng jìnqu
---

(2) A Dào jīchǎng xūyào duō cháng shíjiān?
到机场需要多长时间?

B Bù dǔchē de huà, xūyào liǎng ge xiǎoshí.
不堵车的话，需要两个小时。

---
① 超市 chāoshì
开车 kāichē
一个小时 yí ge xiǎoshí

② EDA咖啡厅 EDA kāfēitīng
走路 zǒulù
十分钟 shí fēnzhōng

③ 电影院 diànyǐngyuàn
坐地铁 zuò dìtiě
半个小时 bàn ge xiǎoshí
---

5 다음 제시된 표현을 활용하여 주제에 맞게 말해 보세요.

주제 아래 장소까지 시간이 얼마나 걸리는지 묻고 대답하기

표현 A 到机场需要多长时间?
B 坐公交车的话，需要两个小时。

(1) 景福宫　　(2) 弘大　　(3) 釜山　　(4) 爱宝乐园

💡 **단어** ┈┈

开车 kāichē 图 운전하다　景福宫 Jǐngfúgōng 명 경복궁　弘大 Hóngdà 명 홍대　爱宝乐园 Ài bǎo lèyuán 명 에버랜드

플러스 어휘

日程表 rìchéngbiǎo
일정표

照相机 zhàoxiàngjī
사진기

信用卡 xìnyòngkǎ
신용 카드

国际驾照 guójì jiàzhào
국제 운전면허증

平板电脑 píngbǎn diànnǎo
태블릿 PC

插排 chā pái
멀티탭

充电器 chōngdiànqì
충전기

自拍杆 zì pāi gān
셀카봉

太阳镜 tàiyángjìng
선글라스

帽子 màozi
모자

洗漱用品 xǐ shù yòngpǐn
세면 도구

常备药品 chángbèi yàopǐn
상비약

Qīngchūyúlán
青出于蓝

청출어람(쪽에서 나온 푸른 물감이 쪽보다 더 푸르다)

쪽은 마디풀과의 한해살이 풀로, 잎을 찧어 물에 담가 놓으면 푸른 물이 나오는데, 이를 이용해 옷감 등을 염색하면 원래의 쪽빛보다 더욱 선명한 푸른 빛깔이 난다고 한다. 성악설로 유명한 순자(荀子, Xúnzǐ)는 이를 빗대어 "푸른 색은 쪽빛보다 더 푸르고, 얼음은 물보다 차갑다."라고 말했다. 이는 학문에 뜻을 둔 사람은 발전과 향상을 위해 끊임없이 노력해야 하고, 중도에 포기해서는 안된다는 뜻이다. 북위(北魏, Běi Wèi)의 이밀(李謐, Lǐ Mì)은 공번(孔璠, Kǒng Fán)을 스승으로 삼아 열심히 학문을 닦았다. 시간이 흘러, 그의 학문은 스승 공번을 능가할 뿐만 아니라 본인의 사상까지도 정립하는 수준에 이르렀다. 이에 공번은 더 이상 가르칠 것이 없다고 판단하고, 오히려 그에게 가르침을 청했다. 이 이야기를 들은 주변 사람들은 '청출어람'이라며 그들을 칭찬했다고 한다.

11

去免税店逛一逛，怎么样？

면세점에 가서 구경 좀 하자, 어때?

학습 목표

점층관계를 나타낼 수 있다.

학습 내용

1. 在…之前
2. 동사 听说
3. 접속사 不仅…而且…

단어

실전 대화

□ 登机 dēngjī 동 탑승하다

□ 之前 zhīqián 명 ~의 앞, ~의 전
　　　　　[시간과 장소를 나타냄]

□ 送 sòng 동 주다, 선물하다

□ 但 dàn 접 그러나, 그렇지만

□ 听说 tīngshuō 동 듣자니 ~라고 한다

□ 光临 guānglín 명동 왕림(하다)

□ 随便 suíbiàn 동 편한 대로 (좋을 대로)
　　　　　하다

□ 款 kuǎn 양 종류, 타입, 스타일

□ 系列 xìliè 명 계열, 시리즈

□ 不仅… 而且… bùjǐn… érqiě…
접 ~할 뿐만 아니라 또한 ~하다

□ 保湿 bǎoshī 동 보습하다

□ 效果 xiàoguǒ 명 효과

□ 抗 kàng 동 저항하다, 막다

□ 衰老 shuāilǎo 형 노쇠하다, 노화하다

□ 化妆水 huàzhuāngshuǐ 명 스킨, 토너

□ 乳液 rǔyè 명 로션

□ 稍 shāo 부 조금, 약간

어법 포인트

□ 一定 yídìng 부 반드시, 꼭

□ 洗发水 xǐfàshuǐ 명 샴푸

□ 防 fáng 동 막다, 지키다

□ 脱发 tuōfà 명동 탈모(하다)

□ 长 zhǎng 동 성장하다, 자라다

□ 漂亮 piàoliang 형 보기 좋다, 예쁘다

□ 聪明 cōngming 형 영리하다, 똑똑하다

□ 修 xiū 동 수리하다

□ 洗面奶 xǐmiànnǎi 명 클렌징 크림

□ 美白 měibái 동 미백하다, 희게 하다

Track 11-02

대화1 리우팅팅과 장민이 면세점을 구경한다.

Liú Tíngtíng
刘婷婷

Zài dēngjī zhīqián, qù miǎnshuìdiàn guàng yi guàng, zěnmeyàng?

在登机之前，去免税店逛一逛，怎么样？

Zhāng Mín
张 民

Hǎo a. Nǐ xiǎng mǎi shénme?

好啊。你想买什么？

Liú Tíngtíng
刘婷婷

Wǒ xiǎng sòng gěi péngyou yí ge lǐwù, dàn bù zhīdào mǎi shénme hǎo.

我想送给朋友一个礼物，但不知道买什么好。

Zhāng Mín
张 民

Tīngshuō Hánguó huàzhuāngpǐn hěn yǒumíng.

听说韩国化妆品很有名。

실전 대화

대화2 면세점 직원에게 화장품 추천을 부탁한다.

服务员
fúwùyuán

Huānyíng guānglín. Qǐng suíbiàn kàn yi kàn.
欢迎光临。请随便看一看。

刘婷婷
Liú Tíngtíng

Wǒ xiǎng mǎi Hánguó huàzhuāngpǐn. Qǐng nín tuījiàn yíxià!
我想买韩国化妆品。请您推荐一下！

服务员
fúwùyuán

Hǎo de. Zhè kuǎn xìliè de huàzhuāngpǐn bùjǐn yǒu bǎoshī xiàoguǒ,
好的。这款系列的化妆品不仅有保湿效果，

érqiě néng kàng shuāilǎo.
而且能抗衰老。

刘婷婷
Liú Tíngtíng

Nàme qǐng gěi wǒ zhè ge xìliè de huàzhuāngshuǐ hé rǔyè.
那么请给我这个系列的化妆水和乳液。

服务员
fúwùyuán

Hǎo de, qǐng shāo děng.
好的，请稍等。

어법 포인트

1 在…之前

시간이나 장소를 나타내지만 주로 시간에 많이 쓰이며 '~하기 전에'라고 해석한다.

▶예문

Zài chī fàn zhīqián, yídìng yào xǐshǒu.
在吃饭之前，一定要洗手。 밥 먹기 전에 반드시 손을 씻어야 해.

Zài chūmén zhīqián, gěi nǐ dǎ diànhuà.
在出门之前，给你打电话。 나가기 전에 너에게 전화할게.

Zài kàn diànyǐng zhīqián, wǒ qù yíxià xǐshǒujiān.
在看电影之前，我去一下洗手间。 영화 보기 전에 나 화장실 좀 다녀올게.

Zài dēngjī zhīqián, qù miǎnshuìdiàn guàng yi guàng ba.
在登机之前，去免税店逛一逛吧。 탑승 전에 면세점에 가서 구경 좀 하자.

2 동사 听说

听说는 상대방에게 들은 내용을 제삼자에게 전할 때 사용한다. 문장의 맨 앞에 위치하며 '듣자니(듣건대) ~라고 한다'라고 해석한다.

▶예문

Tīngshuō nǐ yǒu nánpéngyou le.
听说你有男朋友了。 너 남자친구 생겼다고 들었어.

Tīngshuō tā zuótiān qù Běijīng le.
听说他昨天去北京了。 그는 어제 베이징으로 갔다고 들었어.

Tīngshuō Hánguó huàzhuāngpǐn hěn yǒumíng.
听说韩国化妆品很有名。 한국 화장품이 유명하다고 들었어.

Tīngshuō zhè ge xǐfàshuǐ néng fáng tuōfà.
听说这个洗发水能防脱发。 이 샴푸가 탈모 방지에 효과가 있다고 들었어.

3 접속사 不仅… 而且…

두 개의 절을 병렬로 연결하여 점층적 변화를 나타내는 접속사로, '~할 뿐만 아니라 또한 ~하다'라고 해석한다. 이때 앞절보다 뒷절이 더 진일보한 의미를 나타낸다.

▶예문

Tā bùjǐn zhǎng de piàoliang, érqiě cōngming.
她不仅长得漂亮，而且聪明。 그녀는 예쁠 뿐만 아니라 똑똑하다.

Tā bùjǐn huì kāichē, érqiě huì xiū chē.
他不仅会开车，而且会修车。 그는 운전을 할 수 있을 뿐만 아니라 차를 수리할 줄도 안다.

Tā bùjǐn huì shuō Yīngyǔ, érqiě huì shuō Hànyǔ.
他不仅会说英语，而且会说汉语。 그는 영어를 할 수 있을 뿐만 아니라 중국어도 할 줄 안다.

Zhè ge xǐmiànnǎi bùjǐn néng měibái, érqiě néng bǎoshī.
这个洗面奶不仅能美白，而且能保湿。 이 클렌저는 미백 효과가 있을 뿐 아니라 보습 효과도 있다.

확장 연습

1 한국 화장품이 유명하다고 들었어.

huàzhuāngpǐn	化妆品
Hánguó huàzhuāngpǐn	韩国化妆品
Hánguó huàzhuāngpǐn hěn yǒumíng	韩国化妆品很有名
Tīngshuō Hánguó huàzhuāngpǐn hěn yǒumíng.	听说韩国化妆品很有名。

2 탑승 전에 면세점에 가서 구경 좀 하자.

dēngjī	登机
zài dēngjī zhīqián	在登机之前
zài dēngjī zhīqián, qù miǎnshuìdiàn	在登机之前，去免税店
Zài dēngjī zhīqián, qù miǎnshuìdiàn guàng yi guàng ba.	在登机之前，去免税店逛一逛吧。

3 나 친구한테 선물을 해 주고 싶어.

péngyou	朋友
sòng gěi péngyou	送给朋友
sòng gěi péngyou lǐwù	送给朋友礼物
xiǎng sòng gěi péngyou yí ge lǐwù	想送给朋友一个礼物
Wǒ xiǎng sòng gěi péngyou yí ge lǐwù.	我想送给朋友一个礼物。

1 다음 녹음을 듣고 주어진 단어의 올바른 발음을 골라보세요. Track 11-05

(1) 稍　　shāo　shào

(2) 礼物　　lǐwū　lǐwù

(3) 效果　　xiàoguǒ　xiāoguǒ

(4) 系列　　xìliè　xìlié

(5) 化妆品　huāzhuāngpǐn　huàzhuāngpǐn

(6) 免税店　miánshuìdiān　miǎnshuìdiàn

2 다음 녹음을 듣고 내용과 일치하는 그림을 골라보세요. Track 11-06

(1) _____　(2) _____　(3) _____　(4) _____

말하기 연습

3 제시된 단어를 사용하여 그림의 상황에 알맞은 대화를 만들어 보세요.

(1)

Zhè ge rǔyè zěnmeyàng?
A 这个乳液怎么样?

B _____。 (听说, 保湿效果)

(2)

Míngtiān tiānqì zěnmeyàng?
A 明天天气怎么样?

B _____。 (听说, 下雪)

(3)

Tā huì shuō shénme yǔyán?
A 他会说什么语言?

B _____。
(不仅… 而且…, 英语, 日语)

(4)

Nǐ juéde tā zěnmeyàng?
A 你觉得他怎么样?

B _____。
(不仅… 而且…, 帅, 聪明)

💡 단어 ....

下雪 xiàxuě 통 눈이 내리다 日语 Rìyǔ 명 일어 帅 shuài 형 잘생기다

4 다음 대화에 밑줄 친 부분을 제시된 단어로 바꾸어 말해 보세요.

(1)

Zài dēngjī zhīqián, qù miǎnshuìdiàn guàng yi guàng ba.

A 在登机之前，去免税店逛一逛吧。

Hǎo a.

B 好啊。

① 吃饭 chī fàn   ② 上课 shàngkè   ③ 出门 chūmén

    去洗手 qù xǐshǒu   复习一下 fùxí yíxià   抹防晒霜 mǒ fángshàishuāng

(2)

Zhè kuǎn huàzhuāngpǐn bùjǐn yǒu bǎoshī xiàoguǒ, érqiě néng kàng shuāilǎo.

这款化妆品不仅有保湿效果，而且能抗衰老。

① 苹果 píngguǒ   ② 她 tā   ③ 这件衣服 zhè jiàn yīfu

    好吃 hǎochī   漂亮 piàoliang   大 dà

    便宜 piányi   可爱 kě'ài   贵 guì

5 다음 제시된 단어를 활용하여 주제에 맞게 말해 보세요.

주제 자신의 물건 중 하나를 골라 구체적으로 설명하기

단어 不仅… 而且…   听说

🔊 **단어** ......

抹 mǒ 동 바르다, 칠하다   **防晒霜** fángshàishuāng 명 자외선 차단제, 선크림   **苹果** píngguǒ 명 사과

플러스 어휘

화장품

Track 11-07

面膜 miànmó
마스크 팩

BB霜 BB shuāng
BB 크림

粉饼 fěnbǐng
파우더

口红 kǒuhóng
립스틱

唇彩 chúncǎi
립글로스

腮红 sāihóng
블러셔

眼线 yǎnxiàn
아이라이너

眼影 yǎnyǐng
아이섀도

睫毛膏 jiémáogāo
마스카라

香水 xiāngshuǐ
향수

剃须刀 tìxūdāo
면도기

剃须膏 tìxūgāo
면도 크림

Shǒu bù shì juàn

手不释卷

수불석권(손에서 책을 놓지 않는다)

수불석권은 『삼국지(三国志, Sānguó Zhì)』의 「여몽전(吕蒙传, Lǚméng Zhuàn)」에 나오는 고사성어로, '늘 책을 가까이하여 부지런히 공부를 한다'는 뜻을 갖고 있다. 오(吴, Wú)나라의 장군 여몽은 용맹한 장수였지만, 학식이 부족한 것이 흠이었다. 여몽을 아끼는 오나라의 황제 손권(孙权, Sūn Quán)은 만약 그가 지략을 갖춘다면 더 훌륭한 장수가 될 것이라고 여겨 그에게 학문에 정진하기를 권했다. 이에 여몽은 글도 모르고 책을 읽을 겨를도 없다는 핑계를 댔다. 그러자 손권은 자신도 지금까지 책을 읽고 있다는 이야기와 함께 후한(后汉, Hòu Hàn)의 광무제(光武帝, Guāng wǔ dì)는 바쁜 가운데도 손에서 책을 놓지 않았고 위(魏, Wèi)나라의 조조(曹操, Cáo Cāo) 또한 늙어서도 배우기를 좋아하였다는 이야기를 들려주었다. 이를 들은 여몽은 크게 깨우치고 전쟁터에서도 학문에 정진하였다. 수불석권은 이처럼 어려운 환경 속에서도 배우기를 좋아하는 사람을 비유할 때 쓰인다.

这次旅行怎么样?
이번 여행은 어땠어?

학습 목표

전환 관계를 나타낼 수 있다.

학습 내용

① 접속사 虽然…但是…

② …的时候

③ 要…了

단어

실전 대화

□ 虽然…但是… suīrán…dànshì…
접 비록 ~이지만, (그러나) ~하다

□ 有意思 yǒu yìsi 형 재미있다, 흥미
있다

□ 仅仅 jǐnjǐn 부 겨우, 단지

□ 放假 fàngjià 동 방학하다

□ 天 tiān 명 하루, 날, 일

□ 还 hái 부 아직, 여전히

□ 行程 xíngchéng 명 여정

□ 范围 fànwéi 명 범위

□ 地方 dìfang 명 장소, 곳

□ 就行 jiùxíng ~하면 된다

어법 포인트

□ 好看 hǎokàn 형 보기 좋다, 예쁘다

□ 回国 huíguó 동 귀국하다

□ 冷 lěng 형 춥다

□ 火车 huǒchē 명 기차

□ 广播 guǎngbō 명 라디오 방송

□ 开 kāi 동 (차량 따위를) 운전하다

□ 下个星期 xià ge xīngqī 다음 주

Track 12-02

대화1 리우팅팅과 김동원이 이번 여행에 대해 이야기한다.

Liú Tíngtíng
刘婷婷
Zhè cì lǚxíng zěnmeyàng?
这次旅行怎么样？

Jīn Dōngyuán
金东沅
Suīrán jǐnjǐn sān tiān de xíngchéng,
虽然仅仅三天的行程，

dànshì qù le hěn duō de dìfang, fēicháng yǒu yìsi.
但是去了很多的地方，非常有意思。

Liú Tíngtíng
刘婷婷
Fàngjià de shíhou, wǒ yě xiǎng qù Zhōngguó lǚxíng.
放假的时候，我也想去中国旅行。

Jīn Dōngyuán
金东沅
Dào shíhou wǒmen yìqǐ qù ba!
到时候我们一起去吧！

Liú Tíngtíng
刘婷婷
Hǎo a.
好啊。

대화2 김동원과 왕징이 시험공부를 어떻게 할지 이야기한다.

Jīn Dōngyuán
金东沅
Yào kǎoshì le, nǐ fùxí de zěnmeyàng?
要考试了，你复习得怎么样？

Wáng Jīng
王京
Wǒ hái méiyǒu fùxí ne.
我还没有复习呢。

Jīn Dōngyuán
金东沅
Suīrán kǎoshì de fànwéi hěn duō, dànshì hái yǒu liǎng zhōu de shíjiān.
虽然考试的范围很多，但是还有两周的时间。

Cóng xiànzài kāishǐ fùxí jiù xíng.
从现在开始复习就行。

Wáng Jīng
王京
Nàme wǒmen yìqǐ fùxí ba.
那么我们一起复习吧。

어법 포인트

1 접속사 虽然… 但是…

虽然… 但是…는 전환 관계를 나타내는 접속사로, 앞절과 뒷절의 내용이 대립되거나 상반되며 '비록 ～이지만, (그러나) ～하다'라고 해석한다.

▶예문

Tā suīrán xǐhuan chànggē, dànshì chàng de bù hǎo.
他虽然喜欢唱歌，但是唱得不好。 그는 노래 부르는 걸 좋아하지만 잘 부르지는 못한다.

Zhè jiàn yīfu suīrán piányi, dànshì bù hǎokàn.
这件衣服虽然便宜，但是不好看。 이 옷은 가격이 싸지만 예쁘지는 않다.

Suīrán chūntiān lái le, dànshì tiānqì hái hěn lěng.
虽然春天来了，但是天气还很冷。 비록 봄이 왔지만 날씨는 여전히 춥다.

Suīrán tiānqì bù hǎo, dànshì māma zài gōngyuán yùndòng.
虽然天气不好，但是妈妈在公园运动。 날씨가 좋지 않지만 엄마는 공원에서 운동한다.

2 …的时候

어떤 동작이나 행위의 한 시점을 나타내는 표현으로 '～할 때'라고 해석한다.

▶예문

Zhōumò de shíhou qù lǚxíng.
周末的时候去旅行。 주말에 여행을 간다.

Wǒ kāichē de shíhou tīng guǎngbō.
我开车的时候听广播。 나는 운전할 때 라디오를 듣는다.

Wǒ zuò dìtiě de shíhou kàn shū.
我坐地铁的时候看书。 나는 지하철을 탈 때 책을 본다.

Fàngjià de shíhou, wǒ yě xiǎng qù Zhōngguó lǚxíng.
放假的时候，我也想去中国旅行。 방학 때 나도 중국 여행을 가고 싶어.

3 要…了

要…了는 멀지 않은 미래에 어떤 상황이 곧 발생함을 나타내는 표현으로 '곧(머지않아) ~하다'라고 해석한다. 要 앞에 부사 快, 就 등을 붙여 시간을 강조할 수 있다.

▶예문

Yào xiàyǔ le.
要下雨了。 곧 비가 올 것 같아.

Míngtiān yào kǎoshì le.
明天要考试了。 내일 시험이야.

Wǒ xià ge xīngqī yào huíguó le.
我下个星期要回国了。 나는 다음 주에 귀국하려고 해.

Huǒchē kuài yào kāi le, qǐng shàngchē ba.
火车快要开了，请上车吧。 기차가 곧 출발하오니 탑승해 주시기 바랍니다.

확장 연습

1 방학 때, 나도 중국 여행을 가고 싶어.

fàngjià	放假
fàngjià de shíhou	放假的时候
fàngjià de shíhou, wǒ qù lǚxíng	放假的时候，我去旅行
Fàngjià de shíhou, wǒ yě xiǎng qù Zhōngguó lǚxíng.	放假的时候， 我也想去中国旅行。

2 나는 아직 시험공부 안 했어. ✎

fùxí	复习
méiyǒu fùxí	没有复习
hái méiyǒu fùxí ne	还没有复习呢
Wǒ hái méiyǒu fùxí ne.	我还没有复习呢。

3 지금부터 시험공부 하면 돼. ✎

fùxí	复习
kāishǐ fùxí	开始复习
cóng xiànzài kāishǐ fùxí	从现在开始复习
Cóng xiànzài kāishǐ fùxí jiù xíng.	从现在开始复习就行。

듣기 연습

Track 12-05

1 다음 녹음을 듣고 주어진 단어의 올바른 발음을 골라보세요.

(1) 放假　fàngjià　fàngjiā

(2) 有意思　yóu yìsi　yǒu yìsi

(3) 范围　fànwēi　fànwéi

(4) 行程　xíngchéng　xìngchēng

(5) 复习　fùxí　fúxí

(6) 但是　dànshì　dànshī

2 다음 녹음을 듣고 내용과 일치하는 그림을 골라보세요.

Track 12-06

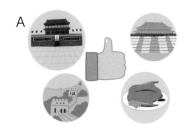

(1) _____　(2) _____　(3) _____　(4) _____

3 제시된 단어를 사용하여 그림의 상황에 알맞은 대화를 만들어 보세요.

(1)

Nǐ kuài yìdiǎnr,
A 你快一点儿，＿＿＿＿＿＿＿。 (电影, 开始)

Hǎo de.
B 好的。

(2)

Nǐ zuò dìtiě de shíhou zuò shénme?
A 你坐地铁的时候做什么？

B ＿＿＿＿＿＿＿＿＿＿＿。 (看, 手机)

(3)

Cǎoméi zěnmeyàng?
A 草莓怎么样？

B ＿＿＿＿＿＿＿＿＿＿＿。
(虽然…但是…, 新鲜, 贵)

(4)

Zhè jiàn yīfu zěnmeyàng?
A 这件衣服怎么样？

B ＿＿＿＿＿＿＿＿＿＿＿。
(虽然…但是…, 便宜, 不好看)

💡 단어 ···

新鲜 xīnxiān 혱 신선하다, 싱싱하다

4 다음 대화에 밑줄 친 부분을 제시된 단어로 바꾸어 말해 보세요.

(1) Nǐ yào kǎoshì le ma?

    A 你要<u>考试</u>了吗?

    Wǒ yào kǎoshì le.

    B 我要<u>考试</u>了。

---

① 下课 xiàkè   ② 毕业 bìyè   ③ 放假 fàngjià

---

(2) Fàngjià de shíhou zuò shénme?

    A <u>放假</u>的时候做什么?

    Fàngjià de shíhou qù lǚxíng.

    B <u>放假</u>的时候<u>去旅行</u>。

---

① 走路 zǒulù   ② 心烦 xīnfán   ③ 休息 xiūxi

听音乐 tīng yīnyuè   去散步 qù sànbù   看奈飞 kàn Nàifēi

---

5 다음 제시된 단어를 활용하여 주제에 맞게 말해 보세요.

주제   친구의 방학 계획에 대해 묻고 답하기

단어   …的时候   想

단어

毕业 bìyè 동 졸업하다   心烦 xīnfán 형 (마음이) 답답하다   散步 sànbù 동 산책하다

플러스 어휘

➕ 취미 생활

读书 dúshū
독서

画画儿 huàhuàr
그림 그리기

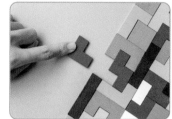

拼图 pīntú
퍼즐

编织 biānzhī
뜨개질

烘焙 hōngbèi
베이킹

瑜伽 yújiā
요가

跳舞 tiàowǔ
댄스

野营 yěyíng
캠핑

攀岩 pānyán
클라이밍

钓鱼 diào yú
낚시

登山 dēngshān
등산

皮革工艺 pígé gōngyì
가죽 공예

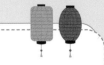

Bàngruòwúrén
傍若无人
방약무인(곁에 아무도 없는 것처럼 여긴다)

방약무인은 중국 역사서 『사기(史记, Shǐjì)』의 「자객열전(刺客列传, Cìkè liè zhuàn)」에 나오는 말로, 중국의 유명한 자객 중 하나인 형가(荆轲, Jīng Kē)의 행동에서 비롯되었다. 위(卫, Wèi)나라에 문무를 고루 갖춘 형가라는 사람이 있었다. 그는 일찍이 입신출세의 뜻을 품고 여러 나라를 돌아다니며 자신의 포부를 밝혔지만, 그를 받아 주는 곳은 그 어디에도 없었다. 이후 형가는 각지를 유랑하며 많은 지식인들과 친분을 쌓았는데, 그중 연나라에서 사귄 비파 명수 고점리(高渐离, Gāo Jiànlí)와 잘 맞아 친하게 지냈다. 그들은 애주가로 취기가 돌면 비파를 켜고 춤을 추며 고성방가도 마다하지 않았다. 그러다가 신세한탄을 한참 늘어놓고 감정이 격해지면 서로 부둥켜안고 울고 웃었다. 그 모습이 마치 주변에 아무도 없다고 여긴 듯하여 이를 본 사람들이 방약무인이라 표현했다. 원래 방약무인은 아무런 거리낌이 없는 당당한 태도를 말하는데, 오늘날에는 주변을 의식하지 않고 제멋대로 행동하는 것을 일컫는다.

해석 및 정답

01 你考得怎么样? 시험 본 거 어때?

실전 대화 1

김동원: 너 방학 동안에 뭐했니?
왕징: 방학 동안 여행도 다녀오고 재미있게 놀았어.
너는?
김동원: 나는 HSK 3급 시험 봤어.
왕징: 그럼, 우리 맛있는 거 먹으면서
스트레스 좀 풀자!

실전 대화 2

왕징: 시험 본 거 어때?
김동원: 나 너무 긴장해서, 잘 못 봤어.
왕징: 괜찮아. 다음에 다시 보면 되지.
너는 좀 쉬어야 해!
김동원: 그래.
왕징: 힘내!

듣기 연습

1. (1) kǎo　　　　(2) jí
　 (3) jiāyóu　　　(4) jǐnzhāng
　 (5) lǚyóu　　　 (6) xūyào

2. (1) A　　(2) D　　(3) B　　(4) C

(1) 我考试了。
(2) 我们休息一下吧。
(3) 他们玩儿得很好。
(4) 我太紧张了。

말하기 연습

3. (1) 我唱得很好。/ 你唱一下。
　 (2) 你考得怎么样? / 你休息一下。
　 (3) 刚才我打电话了。
　 (4) 你听一下吧。

02 你选了几门课? 너 몇 과목 수강 신청했니?

실전 대화 1

김동원: 너 몇 과목 수강 신청했니?
왕징: 다섯 과목 신청했어, 너는?
김동원: 나는 일곱 과목 신청했어.
왕징: 너 수업 진짜 많다!

실전 대화 2

왕징: 너 무슨 과목 신청했어?
김동원: 나는 영어랑 중국어 수강 신청했고,
전공과목도 몇 개 있어.
왕징: 나도 중국어 수강 신청하려고 해.
김동원: 잘됐네!
우리 같이 중국어 수업 들을 수 있겠다.

듣기 연습

1. (1) xuǎn　　　 (2) tīng
　 (3) kè　　　　 (4) zhuānyè
　 (5) cānjiā　　 (6) kěyǐ

2. (1) D　　(2) C　　(3) A　　(4) B

(1) 这个太好吃了。
(2) 她选了一门英语课，一门汉语课。
(3) 我今天喝了两杯咖啡。
(4) 你可以接电话。

말하기 연습

3. (1) 我看了两本书。
　 (2) 他买了一件衣服。
　 (3) 你不可以不写作业。
　 (4) 小猫太可爱了。

해석 및 정답

03 我每天学习四个小时。 나는 매일 네 시간씩 공부해.

실전 대화 1

왕징: 너 학교에 어떻게 왔니?
김동원: 나 지하철 타고 왔어.
왕징: 지하철 타고 얼마나 걸려?
김동원: 지하철로 한 시간 걸려.

실전 대화 2

김남준: 너 중국어 정말 잘한다.
　　　　매일 얼마나 공부하니?
김동원: 나는 매일 네 시간씩 공부해, 너는?
김남준: 나는 공부 안 해.
김동원: 너는 공부를 좀 하는 게 좋겠다.
　　　　오늘부터 나랑 같이 공부하자!
김남준: 좋아.

듣기 연습

1　(1) duō　　　　　　(2) cháng
　　(3) zuò　　　　　　(4) shíjiān
　　(5) dìtiě　　　　　 (6) xuéxí

2　(1) C　　　(2) A　　　(3) B　　　(4) D

(1) 我们喝一点儿咖啡吧。
(2) 我坐地铁来学校。
(3) 他每天学习四个小时。
(4) 有小一点儿的衣服吗？

말하기 연습

3　(1) 我们休息三十分钟。
　　(2) 我每天看两个小时书。
　　(3) 便宜一点儿吗？
　　(4) 快一点儿吗？

04 我正在写作业呢。 나는 과제하고 있어.

실전 대화 1

김동원: 너 어디에 있니?
왕징: 나 카페에 있어.
김동원: 너 거기서 뭐 해?
왕징: 나 과제하고 있어.

실전 대화 2

왕징: 너 뭐 하고 있니?
김동원: 나 공부하고 있어.
왕징: 나 배고파. 우리 뭐 좀 먹자!
김동원: 미안한데, 나 이미 먹었어.
왕징: 그래? 그럼 좀 이따가 같이 커피 마시자!
김동원: 좋아.

듣기 연습

1　(1) è　　　　　　　(2) xiě
　　(3) zuòyè　　　　　(4) zhèngzài
　　(5) yǐjīng　　　　　(6) kāishǐ

2　(1) C　　　(2) A　　　(3) D　　　(4) B

(1) 他们在吃东西呢。
(2) 我有点儿饿。
(3) 我已经喝咖啡了。
(4) 她正在打工。

말하기 연습

3　(1) 她正在运动呢。
　　(2) 我在看奈飞。
　　(3) 我已经看了。
　　(4) 我有点儿渴，

실전 대화 1

의사: 어디가 불편하신가요?
왕징: 저 목이 조금 아프고, 기침이 나요.
의사: 제가 좀 살펴볼게요. 약을 좀 처방해 드릴게요.
　　　찬 음식을 먹지 않도록 주의하세요.
왕징: 감사합니다.

실전 대화 2

김동원: 약은 다 먹었니?
왕징: 다 먹었어. 나 지금은 많이 좋아졌어.
김동원: 옷을 좀 두껍게 입어.
　　　　(다시) 감기에 걸리지 말고.
왕징: 알겠어.

듣기 연습

① (1) yào　　　　　(2) chuān
　 (3) wán　　　　　(4) sǎngzi
　 (5) zháoliáng　　(6) késou

② (1) B　　(2) A　　(3) C　　(4) D

(1) 你哪儿不舒服？
(2) 我有点儿咳嗽。
(3) 他在吃药。
(4) 注意不要吃凉的。

말하기 연습

③ (1) 我肚子有点儿疼。
　 (2) 我头有点儿晕。
　 (3) 我都写完了。
　 (4) 电话打完了吗？

실전 대화 1

왕징: 안녕하세요. 7월 4일 객실 예약을 하려고
　　　하는데요.
직원: 어떤 객실을 원하시나요?
왕징: 스탠더드 룸으로 예약할게요.
직원: 네, 객실이 잘 예약되었습니다.

실전 대화 2

김동원: 제가 온라인으로 객실을 예약을 했는데요.
직원: 여권을 좀 보여주세요.
김동원: 여기 있습니다.
직원: 이건 객실 키카드이고, 1106호입니다.
김동원: 조식 시간은 언제인가요?
직원: 조식은 오전 7시부터 10시까지고,
　　　9시 전에 식사하는 것이 가장 좋습니다.

듣기 연습

① (1) cóng　　　　(2) dìng
　 (3) fángjiān　　(4) hùzhào
　 (5) zuìhǎo　　　(6) fángkǎ

② (1) A　　(2) B　　(3) D　　(4) C

(1) 我要订标准间。
(2) 请出示您的护照。
(3) 我从十点到十二点在图书馆。
(4) 我订的房间是301号。

말하기 연습

③ (1) 我要订座位。
　 (2) 午休时间是从一点到两点。
　 (3) 机票订好了。
　 (4) 房间收拾好了。

해석 및 정답

07 我们一边吃一边聊吧。 우리 먹으면서 이야기해요.

실전 대화 1

> 김동원: 여보세요, 가이드님, 안녕하세요.
> 저희 방금 비행기에서 내렸어요.
> 가이드: 안녕하세요. 오시느라 고생하셨어요.
> 김동원: 지금 어디 계세요?
> 가이드: 저는 1번 출구에 있는데, 이쪽으로 오세요!
> 김동원: 네, 지금 바로 갈게요.

실전 대화 2

> 가이드: 제가 가이드입니다. 만나서 반갑습니다.
> 김동원: 저희도 반갑습니다.
> 가이드: 차에 타세요. 우선 식당으로 가시죠.
> 우리 잠시 먹으면서 이야기해요.
> 김동원: 네, 식당까지 얼마나 걸리나요?
> 가이드: 대략 2시간 정도 걸립니다.

듣기 연습

1. (1) liáo (2) yìbiān
   (3) dǎoyóu (4) guòlai
   (5) chūkǒu (6) shàngchē

2. (1) A (2) D (3) B (4) C

> (1) 见到你很高兴。
> (2) 导游在一号出口等人。
> (3) 他们一边吃一边聊。
> (4) 我下飞机了。

말하기 연습

3. (1) 我在一楼，你下来吧! / 我马上下去。
   (2) 我在咖啡厅，你过来吧! / 我马上过去。
   (3) 他一边写作业一边接电话。
   (4) 她一边听音乐一边跑步。

08 这家餐厅是我朋友推荐的。 여기는 내 친구가 추천해 준 식당이야.

실전 대화 1

> 김동원: 내가 친구에게 한턱을 내려고 하는데,
> 어디 가서 먹는 게 좋을까?
> 왕징: 취안쥐더에 가서 베이징 카오야 먹는 건 어때?
> 김동원: 좋네. 취안쥐더는 어떻게 가야 해?
> 왕징: 왕푸징역에서 내려. A 출구로 나와 직진하다가
> 첫 번째 길목에서 우회전해서 5분만 가면 도착해.

실전 대화 2

> 김동원: 메뉴 좀 봐 봐, 너 뭐 먹고 싶어?
> 김남준: 네가 주문 좀 해 줘.
> 김동원: 여기는 내 친구가 추천해 준 식당인데,
> 카오야가 상당히 맛있대!
> 김남준: 그럼 우리 카오야 먹자!

듣기 연습

1. (1) guǎi (2) tuījiàn
   (3) càidān (4) qiánmian
   (5) yìzhí (6) kǎoyā

2. (1) C (2) B (3) A (4) D

> (1) 餐厅怎么走?
> (2) 下地铁走五分钟就到餐厅。
> (3) 我们在看菜单。
> (4) 这家餐厅是我朋友推荐的。

말하기 연습

3. (1) 电影院在餐厅右边。
   (2) 第一个路口往右拐。
   (3) 我是八点出来的。
   (4) 你尝尝蛋糕吧。

09 西安的兵马俑非常有名。 시안의 병마용은 아주 유명해요.

실전 대화 1

가이드: 시안의 병마용은 아주 유명해요.
왕징: 저는 병마용에 대해 관심이 매우 많아요.
　　　 좀 빨리 가서 보고 싶어요.
가이드: 그럼 우리 먼저 식사하고 병마용을 보러 가시죠.
　　　 그때 제가 자세히 소개해 드리겠습니다.

실전 대화 2

가이드: 병마용은 어떠셨나요?
김동원: 병마용의 보존 상태가 매우 온전한 것 같아요.
가이드: 시간이 있다면, 더 많은 유적을 볼 수 있어요.
왕징: 정말 아쉽지만 내일 가야 해요.
　　　 다음에 기회가 되면 가 볼게요.

듣기 연습

1　(1) fēicháng　　　　(2) yǒumíng
　(3) guānkàn　　　　(4) yìzhǐ
　(5) rúguǒ　　　　　(6) ránhòu

2　(1) B　　(2) A　　(3) C　　(4) D

(1) 我们先吃饭，然后去看兵马俑。
(2) 我想去首尔旅游。
(3) 我对运动很感兴趣。
(4) 如果天气很好，我们就可以爬山。

말하기 연습

3　(1) 我对汽车感兴趣。
　(2) 他对什么感兴趣？
　(3) 我就想去逛街。
　(4) 你要先写作业，然后玩儿游戏吧。

10 请把后备箱打开一下！ 트렁크 좀 열어 주세요!

실전 대화 1

가이드: 여기서 잠시만 기다려 주세요.
　　　 제가 차를 가지고 오겠습니다.
왕징: 알겠습니다.
(잠시 후)
김동원: 트렁크 좀 열어 주세요!
　　　 여행 가방을 좀 집어넣을 게요.
가이드: 트렁크를 열었습니다.
　　　 제가 여행 가방 싣는 걸 도와드릴게요!
김동원: 감사합니다.

실전 대화 2

왕징: 공항까지 얼마나 걸리나요?
가이드: 길이 막히지 않으면 2시간 걸립니다.
김동원: 여행 기간 동안 감사했습니다.
가이드: 별말씀을요. 다음에 또 중국으로 놀러 오세요.

듣기 연습

1　(1) fàng　　　　　(2) dǎkāi
　(3) jìnqu　　　　　(4) dǔchē
　(5) jīchǎng　　　　(6) hòubèixiāng

2　(1) B　　(2) D　　(3) A　　(4) C

(1) 老师走进教室来了。
(2) 请把菜单给我。
(3) 把行李箱放进去。
(4) 到机场需要两个小时。

말하기 연습

3　(1) 请把雨伞拿过来吧。
　(2) 请把空盘子拿下去吧。
　(3) 坐公交车的话，需要一个半小时。
　(4) 天气好的话，

11 去免税店逛一逛，怎么样?
면세점에 가서 구경 좀 하자, 어때?

실전 대화 1

리우팅팅: 탑승 전에 면세점에 가서 구경 좀 하자.
어때?
장민: 좋아. 너 뭐 사고 싶은데?
리우팅팅: 나 친구한테 선물하려고 하는데,
뭘 사면 좋을지 모르겠어.
장민: 듣자니 한국 화장품이 매우 유명하대.

실전 대화 2

점원: 어서 오세요. 편하게 둘러보세요.
리우팅팅: 저 한국 화장품을 사고 싶은데,
추천 좀 해 주세요!
점원: 네. 이 라인의 화장품은 보습 효과뿐만 아니라
항노화 기능도 있습니다.
리우팅팅: 그럼 이 라인의 스킨과 로션 주세요.
점원: 네, 잠시만 기다려 주세요.

듣기 연습

1 (1) shāo　　　　(2) lǐwù
　(3) xiàoguǒ　　 (4) xìliè
　(5) huàzhuāngpǐn　(6) miǎnshuìdiàn

2 (1) D　　(2) C　　(3) B　　(4) A

(1) 我买韩国化妆品。
(2) 在登机之前去洗手间。
(3) 他送给我一个礼物。
(4) 我们去免税店逛一逛吧。

말하기 연습

3 (1) 听说这个乳液有保湿效果。
　(2) 听说明天要下雪。
　(3) 他不仅会说英语，而且会说日语。
　(4) 我觉得他不仅帅，而且聪明。

12 这次旅行怎么样? 이번 여행은 어땠어?

실전 대화 1

장민: 이번 여행은 어땠어?
김동원: 비록 삼일간의 여정이었지만 많은 곳을 갔었
고 엄청 재미있었어.
장민: 방학 때 나도 중국 여행 가고 싶어.
김동원: 그때 우리 같이 가자!
장민: 좋아.

실전 대화 2

김동원: 곧 시험인데, 너 시험공부는 어때?
왕징: 나 아직 시험공부 안 했어.
김동원: 시험 범위가 넓긴 하지만, 그래도 아직 2주일
남았어. 지금부터 시험공부 하면 돼.
왕징: 그럼 우리 같이 시험공부하자!

듣기 연습

1 (1) fàngjià　　　(2) yǒu yìsi
　(3) fànwéi　　　(4) xíngchéng
　(5) fùxí　　　　(6) dànshì

2 (1) B　　(2) A　　(3) C　　(4) D

(1) 我开车的时候听音乐。
(2) 我去了很多地方，非常有意思。
(3) 要考试了，我们一起复习吧。
(4) 要下雨了。

말하기 연습

3 (1) 电影要开始了。
　(2) 我坐地铁的时候看手机。
　(3) 草莓虽然新鲜，但是很贵。
　(4) 这件衣服虽然便宜，但是不好看。

단어 색인

말하기·듣기·쓰기로 기초 마스터
탄탄하고 체계적인 중국어 학습 프로그램

똑똑 중국어

STEP 2

워크북

동양북스

말하기·듣기·쓰기로 기초 마스터
탄탄하고 체계적인 중국어 학습 프로그램

똑똑 중국어

STEP 2

워크북

동양북스

你考得怎么样?

1 다음 빈칸에 알맞은 단어를 써 보세요.

kǎo de
(1) 你 ＿＿＿＿＿＿＿ 怎么样？

jiàqī
(2) ＿＿＿＿＿＿＿ 你做什么了？

xūyào
(3) 你 ＿＿＿＿＿＿＿ 休息一下！

wánr de
(4) ＿＿＿＿＿＿＿ 很好。

2 다음 제시된 단어를 보고 알맞은 한어병음과 연결해 보세요.

(1) 加油 ·　　　　　　　· **A** fàngsōng

(2) 考试 ·　　　　　　　· **B** jiāyóu

(3) 紧张 ·　　　　　　　· **C** kǎoshì

(4) 放松 ·　　　　　　　· **D** jǐnzhāng

3 다음 제시된 중국어를 한국어 해석에 맞게 재배열하여 문장을 완성해 보세요.

(1) 너 어떻게 지내니?

过 / 你 / 得 / 怎么样　　　➡　_____?

(2) 너 뭐했니?

什么 / 做 / 你 / 了　　　➡　_____?

(3) 커피 좀 드세요!

喝 / 你 / 咖啡 / 吧 / 一下　　　➡　_____!

(4) 너는 스트레스를 좀 풀어야 해.

放松 / 你 / 一下 / 需要　　　➡　_____。

4 다음 제시된 단어를 이용하여 문장을 만들어 보세요.

(1) 写汉字 / 好　　　➡　_____。

*汉字 Hànzì 몡 중국 문자

(2) 跳舞 / 不好　　　➡　_____。

(3) 玩儿 / 怎么样　　　➡　_____?

(4) 昨天 / 做什么　　　➡　_____?

你考得怎么样?

5 다음 주요 단어를 획순에 따라 써 보세요.

得 de 보어를 연결하는 역할을 함	得 得 得 得 得 得 得 得 得 得 得　得

考 kǎo 시험(을 치다)	考 考 考 考 考 考 考　考 考试 kǎoshì 시험(을 보다)

级 jí 급, 등급	级 级 级 级 级 级 级　级

放 fàng 놓다, 거리낌 없이 하다	放 放 放 放 放 放 放 放 放　放 放松 fàngsōng 느슨하게 하다

太 tài 너무, 지나치게	太 太 太 太 太　太 太…了 tài…le 너무 ~하다

紧 jǐn
긴박하다

紧 紧 紧 紧 紧 紧 紧 紧 紧 紧

紧 紧

紧张 jǐnzhāng 긴장하다

关 guān
관계(가 있다)

关 关 关 关 关 关

关 关

没关系 méi guānxi 괜찮다, 문제없다

需 xū
필요하다

需 需 需 需 需 需 需 需 需 需 需 需 需 需

需 需

需要 xūyào 요구되다

加 jiā
보태다, 더하다

加 加 加 加 加

加 加

加油 jiāyóu 힘내다

最 zuì
가장, 제일

最 最 最 最 最 最 最 最 最 最 最 最

最 最

最近 zuìjìn 최근, 요즘

1 다음 빈칸에 알맞은 단어를 써 보세요.

jǐ mén kè

(1) 你选了 _____?

tài

(2) _____ 好了。

tīng kè

(3) 我们可以一起 _____。

zhēn duō

(4) 你的课 _____!

2 다음 제시된 단어를 보고 알맞은 한어병음과 연결해 보세요.

(1) 选课 ·   · **A** yìqǐ

(2) 专业 ·   · **B** kěyǐ

(3) 一起 ·   · **C** xuǎnkè

(4) 可以 ·   · **D** zhuānyè

3 다음 제시된 중국어를 한국어 해석에 맞게 재배열하여 문장을 완성해 보세요.

(1) 나는 두 과목 신청했어.

课 / 两 / 我 / 选 / 了 / 门　　➡　_____。

(2) 네가 대답할 수 있니?

可以 / 你 / 回答 / 吗 / 一下　　➡　_____?

(3) 케이크 너무 맛있다!

太 / 蛋糕 / 了 / 好吃　　➡　_____!

(4) 전화 받아도 돼.

电话 / 你 / 可以 / 接　　➡　_____。

4 밑줄 친 부분을 보기와 같이 의문문으로 바꾸어 문장을 완성하세요.

보기 我喝了两杯咖啡。→ 你喝了几杯咖啡?

(1) 天气太热了。　　➡　_____?

(2) 他不可以走。　　➡　_____?

(3) 我养了三只狗。　　➡　_____?

(4) 我吃了一个汉堡。　　➡　_____?

5 다음 주요 단어를 획순에 따라 써 보세요.

| 选
xuǎn
선택하다 | 选 选 选 选 选 选 选 选 选
选　　选 |

| 真
zhēn
정말(로), 진실로 | 真 真 真 真 真 真 真 真 真 真
真　　真 |

| 还
hái
또, 아직도 | 还 还 还 还 还 还 还
还　　还 |

| 专
zhuān
전문적이다 | 专 专 专 专
专　　专 |

| 业
yè
일, 직업 | 业 业 业 业 业
业　　业 |

专业 zhuānyè 전공, 전문

	也 也 也
也 yě ~도, 역시	也　也

	贵 贵 贵 贵 贵 贵 贵 贵 贵
贵 guì 비싸다	贵　贵

	接 接 接 接 接 接 接 接 接 接 接
接 jiē 받다	接　接

接电话 jiē diànhuà 전화를 받다

	回 回 回 回 回 回
回 huí 되돌리다, 회답하다	回　回

回答 huídá 대답하다

	用 用 用 用 用
用 yòng 쓰다, 사용하다	用　用

我每天学习四个小时。

1 다음 빈칸에 알맞은 단어를 써 보세요.

duō cháng shíjiān

(1) 你坐 _____ 地铁?

sì ge xiǎoshí

(2) 我每天学习 _____。

yìdiǎnr

(3) 你还是学 _____ 吧。

zěnme lái

(4) 你 _____ 学校?

2 다음 제시된 단어를 보고 알맞은 한어병음과 연결해 보세요.

(1) 地铁 ·   · **A** měitiān

(2) 小时 ·   · **B** dìtiě

(3) 开始 ·   · **C** xiǎoshí

(4) 每天 ·   · **D** kāishǐ

3 다음 제시된 중국어를 한국어 해석에 맞게 재배열하여 문장을 완성해 보세요.

(1) 나는 매일 한 시간씩 운동한다.

一个 / 运动 / 每天 / 我 / 小时   ➡ _____。

(2) 너 밥 좀 먹어라!

饭 / 你 / 一点儿 / 吧 / 吃   ➡ _____!

(3) 좀 싸게 해 주실 수 있나요?

吗 / 能 / 便宜 / 一点儿   ➡ _____?

(4) 너는 매일 얼마나 공부하니?

学习 / 多长时间 / 你 / 每天   ➡ _____?

4 한국어 해석을 보고 알맞은 시량보어를 넣어 문장을 완성해 보세요.

(1) 나는 4시간 봤다.

我看了。   ➡ _____。

(2) 나는 8시간 잤다.

我睡了。   ➡ _____。

(3) 그녀는 2시간 쉬었다.

她休息了。   ➡ _____。

(4) 그는 1년 배웠다.

他学了。   ➡ _____。

5 다음 주요 단어를 획순에 따라 써 보세요.

| 地 dì 땅, 육지 | 地 地 地 地 地 地 |
| | 地　　地 |

铁 tiě 쇠, 철	铁 铁 铁 铁 铁 铁 铁 铁 铁 铁
	铁　　铁
	地铁 dìtiě 지하철

| 长 cháng 길다 | 长 长 长 长 |
| | 长　　长 |

时 shí 시, 시간	时 时 时 时 时 时 时
	时　　时
	时间 shíjiān 시간

每 měi 매, ~마다	每 每 每 每 每 每 每
	每　　每
	每天 měitiān 매일

开
kāi
열다, 시작하다

开 开 开 开

开　开

始
shǐ
처음, 시작하다

始 始 始 始 始 始 始 始

始　始

开始 kāishǐ 시작하다

跟
gēn
~와[과]

跟 跟 跟 跟 跟 跟 跟 跟 跟 跟 跟 跟 跟

跟　跟

等
děng
기다리다

等 等 等 等 等 等 等 等 等 等 等

等　等

便
pián
편리하다, 적당하다

便 便 便 便 便 便 便 便 便

便　便

便宜 piányi 싸다, 저렴하다

我正在写作业呢。

1 다음 빈칸에 알맞은 단어를 써 보세요.

zhèngzài

(1) 我 _____ 写作业呢。

yǒudiǎnr

(2) 我 _____ 饿。

yǐjīng

(3) 我 _____ 吃了。

yíhuìr

(4) 那 _____ 一起喝咖啡吧。

2 다음 제시된 단어를 보고 알맞은 한어병음과 연결해 보세요.

(1) 东西 ·   · **A** yǐjīng

(2) 已经 ·   · **B** dōngxi

(3) 作业 ·   · **C** yǒudiǎnr

(4) 有点儿 ·   · **D** zuòyè

3 다음 제시된 중국어를 한국어 해석에 맞게 재배열하여 문장을 완성해 보세요.

(1) 나는 핸드폰 보고 있어.

正在 / 我 / 手机 / 看   ➡ _____。

(2) 나 이미 먹었어.

吃 / 我 / 了 / 已经   ➡ _____。

(3) 나 목이 좀 말라.

渴 / 我 / 有点儿   ➡ _____。

(4) 그는 뭐 하고 있니?

正在 / 做 / 他 / 什么   ➡ _____?

4 제시된 단어의 알맞은 위치를 골라보세요.

(1) 有点儿   今天 Ⓐ 天气 Ⓑ 热 Ⓒ 。

(2) 一点儿   衣服 Ⓐ 能 Ⓑ 便宜 Ⓒ 吗?

(3) 正在   他们 Ⓐ 看 Ⓑ 电影 Ⓒ 呢。

(4) 已经   她 Ⓐ 买 Ⓑ 饮料 Ⓒ 了。

我正在写作业呢。

5 다음 주요 단어를 획순에 따라 써 보세요.

正 zhèng 바르다, 곧다	正 正 正 正 正
	正　　正
	正在 zhèngzài 지금 ~하고 있다

意 yì 생각, 뜻	意 意 意 意 意 意 意 意 意 意 意 意
	意　　意

思 sī 사상, 생각	思 思 思 思 思 思 思 思 思
	思　　思
	不好意思 bù hǎoyìsi 죄송합니다

已 yǐ 이미, 벌써	已 已 已
	已　　已

经 jīng 지나다, 경험하다	经 经 经 经 经 经 经 经
	经　　经
	已经 yǐjīng 이미

网		网 网 网 网 网 网
wǎng	网　　　网	
인터넷, 온라인	上网 shàngwǎng 인터넷을 하다	

渴		渴 渴 渴 渴 渴 渴 渴 渴 渴 渴 渴
kě	渴　　　渴	
목마르다		

热		热 热 热 热 热 热 热 热 热 热
rè	热　　　热	
덥다, 뜨겁다		

高		高 高 高 高 高 高 高 高 高 高
gāo	高　　　高	
높다	高兴 gāoxìng 기쁘다	

走		走 走 走 走 走 走 走
zǒu	走　　　走	
가다, 걷다		

药吃完了。

1 다음 빈칸에 알맞은 단어를 써 보세요.

zháoliáng
(1) 不要再 _____ 了。

wán
(2) 吃 _____ 了。

sǎngzi
(3) 我 _____ 有点儿疼。

bù shūfu
(4) 你哪儿 _____?

2 다음 제시된 단어를 보고 알맞은 한어병음과 연결해 보세요.

(1) 注意 ·   · **A** zhīdào

(2) 一些 ·   · **B** késou

(3) 咳嗽 ·   · **C** yìxiē

(4) 知道 ·   · **D** zhùyì

3 다음 제시된 중국어를 한국어 해석에 맞게 재배열하여 문장을 완성해 보세요.

(1) 숙제 다 했어.

作业 / 完 / 写 / 了 ➡ _____。

(2) 나 머리가 조금 아파.

有点儿 / 疼 / 头 / 我 ➡ _____。

(3) 찬 음식을 먹지 마세요!

不要 / 凉的 / 吃 ➡ _____!

(4) 나 감기에 걸렸어.

了 / 感冒 / 我 ➡ _____。

4 제시된 단어의 알맞은 위치를 골라보세요.

(1) 了   我 Ⓐ 已经 Ⓑ 好 Ⓒ 。

(2) 完   你的 Ⓐ 药 Ⓑ 吃 Ⓒ 了吗?

(3) 没   我 Ⓐ 电话 Ⓑ 打 Ⓒ 完。

(4) 不要   Ⓐ 再 Ⓑ 着凉 Ⓒ 了。

药吃完了。

5 다음 주요 단어를 획순에 따라 써 보세요.

舒 shū 펴다, 여유 있다	舒 舒 舒 舒 舒 舒 舒 舒 舒 舒 舒 舒 舒　舒 舒服 shūfu 편안하다

嗓 sǎng 인후, 목(구멍)	嗓 嗓 嗓 嗓 嗓 嗓 嗓 嗓 嗓 嗓 嗓 嗓 嗓 嗓　嗓 嗓子 sǎngzi 목(구멍)

疼 téng 아프다	疼 疼 疼 疼 疼 疼 疼 疼 疼 疼 疼　疼

咳 ké 기침하다	咳 咳 咳 咳 咳 咳 咳 咳 咳 咳　咳

嗽 sòu 기침하다	嗽 嗽 嗽 嗽 嗽 嗽 嗽 嗽 嗽 嗽 嗽 嗽 嗽 嗽 嗽　嗽 咳嗽 késou 기침하다

药
yào
약

药 药 药 药 药 药 药 药 药

药　药

注
zhù
집중하다

注 注 注 注 注 注 注 注

注　注

注意 zhùyì 주의하다

凉
liáng
서늘하다

凉 凉 凉 凉 凉 凉 凉 凉 凉 凉

凉　凉

着凉 zháoliáng 감기에 걸리다

穿
chuān
(옷을) 입다

穿 穿 穿 穿 穿 穿 穿 穿 穿

穿　穿

知
zhī
알다, 알리다

知 知 知 知 知 知 知 知

知　知

知道 zhīdào 알다, 이해하다

我要订七月四号的房间。

1 다음 빈칸에 알맞은 단어를 써 보세요.

zuìhǎo

(1) 您 ＿＿＿＿＿＿＿ 九点前用餐。

biāozhǔnjiān

(2) 我要订 ＿＿＿＿＿＿＿。

fángkǎ

(3) 这是 ＿＿＿＿＿＿＿。

chūshì

(4) 请 ＿＿＿＿＿＿＿ 您的护照。

2 다음 제시된 단어를 보고 알맞은 한어병음과 연결해 보세요.

(1) 出示 ·   · **A** yòngcān

(2) 用餐 ·   · **B** yùdìng

(3) 预定 ·   · **C** hùzhào

(4) 护照 ·   · **D** chūshì

3 다음 제시된 중국어를 한국어 해석에 맞게 재배열하여 문장을 완성해 보세요.

(1) 좌석을 예약하려고 해요.

订 / 座位 / 我 / 要 ➡ ＿＿＿＿＿＿＿＿＿＿＿＿。

(2) 객실 예약이 완료되었습니다.

好 / 订 / 了 / 房间 ➡ ＿＿＿＿＿＿＿＿＿＿＿＿。

(3) 조식 시간은 언제인가요?

是 / 时间 / 什么时候 / 早餐 ➡ ＿＿＿＿＿＿＿＿＿＿＿＿？

(4) 9시 전에 식사하는 것이 좋습니다.

最好 / 您 / 用餐 / 九点前 ➡ ＿＿＿＿＿＿＿＿＿＿＿＿。

4 밑줄 친 부분을 보기와 같이 의문문으로 바꾸어 문장을 완성하세요.

보기 我喝了两杯咖啡。→ 你喝了几杯咖啡?

(1) 车订好了。 ➡ ＿＿＿＿＿＿＿＿＿＿＿＿？

(2) 我要订标准间。 ➡ ＿＿＿＿＿＿＿＿＿＿＿＿？

(3) 我要订二月二十五号的机票。 ➡ ＿＿＿＿＿＿＿＿＿＿＿＿？

(4) 上课时间是从早上七点到十点。 ➡ ＿＿＿＿＿＿＿＿＿＿＿＿？

⑤ 다음 주요 단어를 획순에 따라 써 보세요.

订
dìng
예약하다

订订订订

标
biāo
표준, 지표

标标标标标标标标标

标准间 biāozhǔnjiān 표준 객실, 스탠더드 룸

定
dìng
정하다, 예약하다

定定定定定定定定

预定 yùdìng 예약하다

示
shì
보이다

示示示示示

出示 chūshì 제시하다

房
fáng
집, 방

房房房房房房房房

房卡 fángkǎ (객실) 키카드

早
zǎo
아침

早早早早早早

早　早

早餐 zǎocān 아침 식사

从
cóng
~부터

从从从从

从　从

到
dào
~까지

到到到到到到到到

到　到

前
qián
(장소, 순서의) 앞

前前前前前前前前前

前　前

快
kuài
빨리, 어서

快快快快快快快

快　快

我们一边吃一边聊吧。

1 다음 빈칸에 알맞은 단어를 써 보세요.

guòlai

(1) 你们 _____ 吧!

mǎshàng

(2) 我现在 _____ 过去。

yìbiān liáo

(3) 我们一边吃 _____ 吧。

xià fēijī

(4) 我现在 _____ 了。

2 다음 제시된 단어를 보고 알맞은 한어병음과 연결해 보세요.

(1) 导游 ·   · **A** xīnkǔ

(2) 辛苦 ·   · **B** dǎoyóu

(3) 出口 ·   · **C** fàndiàn

(4) 饭店 ·   · **D** chūkǒu

3 다음 제시된 중국어를 한국어 해석에 맞게 재배열하여 문장을 완성해 보세요.

(1) 우리 곧 출발해.

马上 / 我们 / 就 / 出发　　　➡ _____。

(2) 만나서 반갑습니다.

您 / 高兴 / 见到 / 很　　　➡ _____。

(3) 그녀가 들어왔다.

进 / 她 / 来 / 了　　　➡ _____。

(4) 나는 음악을 들으며 숙제를 한다.

一边 / 写作业 / 听音乐 / 我 / 一边 ➡ _____。

4 제시된 단어의 알맞은 위치를 골라보세요.

(1) 来　　　我 Ⓐ 坐地铁 Ⓑ 学校 Ⓒ 。

(2) 去　　　他 Ⓐ 现在 Ⓑ 下 Ⓒ 了。

(3) 来　　　你 Ⓐ 现在 Ⓑ 过 Ⓒ 吧。

(4) 下　　　我 Ⓐ 现在 Ⓑ 飞机 Ⓒ 了。

我们一边吃一边聊吧。

5 다음 주요 단어를 획순에 따라 써 보세요.

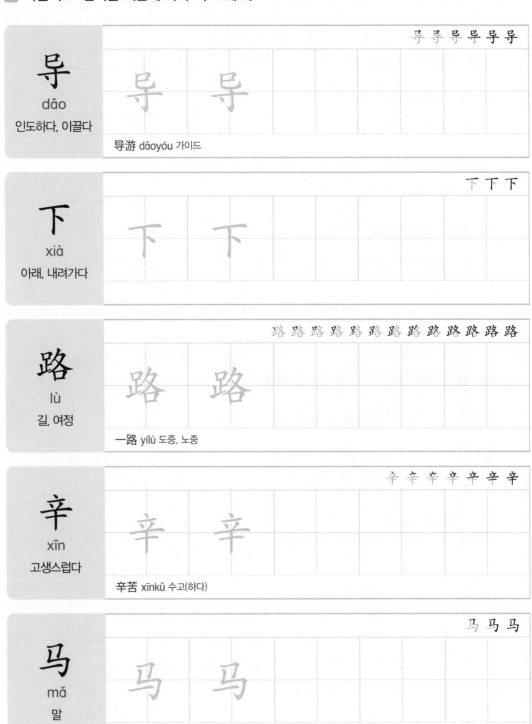

导导导导导导

导
dǎo
인도하다, 이끌다

导游 dǎoyóu 가이드

下下下

下
xià
아래, 내려가다

路路路路路路路路路路路路路

路
lù
길, 여정

一路 yílù 도중, 노중

辛辛辛辛辛辛辛

辛
xīn
고생스럽다

辛苦 xīnkǔ 수고(하다)

马马马

马
mǎ
말

马上 mǎshàng 곧, 즉시

饭 fàn 밥, 식사	饭饭饭饭饭饭饭 饭　饭

店 diàn 상점, 가게	店店广店店店店店 店　店 饭店 fàndiàn 호텔, 식당

边 biān 쪽, 방면	边边边边边 边　边 一边…一边… yìbiān…yìbiān… 한편으로 ~하면서 ~하다

聊 liáo 이야기하다	聊聊聊聊聊聊聊聊聊聊聊 聊　聊

进 jìn (밖에서 안으로) 들다	进进进进进进进 进　进

这家餐厅是我朋友推荐的。

1 다음 빈칸에 알맞은 단어를 써 보세요.

wǎng yòu guǎi

(1) 第一个路口 ＿＿＿＿＿＿＿＿。

tuījiàn

(2) 这家餐厅是我朋友 ＿＿＿＿＿＿＿＿ 的。

bāng wǒ diǎn

(3) 还是你 ＿＿＿＿＿＿＿＿ 吧。

kànkan

(4) 你 ＿＿＿＿＿＿＿＿ 菜单。

2 다음 제시된 단어를 보고 알맞은 한어병음과 연결해 보세요.

(1) 一直 ·   · **A** cāntīng

(2) 菜单 ·   · **B** tuījiàn

(3) 推荐 ·   · **C** càidān

(4) 餐厅 ·   · **D** yìzhí

3 다음 제시된 중국어를 한국어 해석에 맞게 재배열하여 문장을 완성해 보세요.

(1) 취안쥐더에 어떻게 가나요?

全聚德 / 怎么 / 走 ➡ _____?

(2) 왕푸징역에서 내립니다.

站 / 下车 / 王府井 / 在 ➡ _____。

(3) 나는 10시에 왔다.

十点 / 是 / 我 / 的 / 来 ➡ _____。

(4) 15분만 가면 도착한다.

就 / 走 / 分钟 / 到 / 十五 ➡ _____。

4 밑줄 친 부분을 보기와 같이 의문문으로 바꾸어 문장을 완성하세요.

보기 我十点去学校。→ 你几点去学校?

(1) 我是两点来的。 ➡ _____?

(2) 他是坐地铁来的。 ➡ _____?

(3) 这是我朋友说的。 ➡ _____?

(4) 这件衣服是在百货商店买的。 ➡ _____?

这家餐厅是我朋友推荐的。

5 다음 주요 단어를 획순에 따라 써 보세요.

全 quán 전부	全 全 全 全 全 全 全　　全

直 zhí 곧다, 곧장	直 直 直 直 直 直 直 直 直　　直 一直 yìzhí 줄곧

第 dì 차례, 순서	第 第 第 第 第 第 第 第 第 第 第 第　　第

拐 guǎi 방향을 바꾸다	拐 拐 拐 拐 拐 拐 拐 拐 拐　　拐

帮 bāng 돕다	帮 帮 帮 帮 帮 帮 帮 帮 帮 帮　　帮

推
tuī
추천하다

推 推 推 推 推 推 推 推 推 推

推　推

荐
jiàn
추천하다

荐 荐 荐 荐 荐 荐 荐 荐 荐

荐　荐

推荐 tuījiàn 추천하다

尝
cháng
맛보다

尝 尝 尝 尝 尝 尝 尝 尝 尝

尝　尝

复
fù
반복하다

复 复 复 复 复 复 复 复 复

复　复

复习 fùxí 복습하다

绍
shào
소개하다

绍 绍 绍 绍 绍 绍 绍 绍

绍　绍

介绍 jièshào 소개하다

西安的兵马俑非常有名。

1 다음 빈칸에 알맞은 단어를 써 보세요.

        duì   gǎn xìngqù

(1) 我 _____ 兵马俑很 _____。

        xiān   ránhòu

(2) 我们 _____ 吃饭, _____ 去看兵马俑。

          kuài diǎnr

(3) 我想 _____ 去看。

       kěxī

(4) 真 _____ 明天就得走了。

2 다음 제시된 단어를 보고 알맞은 한어병음과 연결해 보세요.

(1) 观看 ·   · **A** yǒumíng

(2) 有名 ·   · **B** guānkàn

(3) 觉得 ·   · **C** rúguǒ

(4) 如果 ·   · **D** juéde

3 다음 제시된 중국어를 한국어 해석에 맞게 재배열하여 문장을 완성해 보세요.

(1) 너는 무엇에 관심이 있니?

什么 / 感兴趣 / 你 / 对   ➡ _____?

(2) 나는 춤에 관심이 있어.

跳舞 / 对 / 感兴趣 / 我   ➡ _____。

(3) 나는 중국어가 어렵다고 생각해.

汉语 / 觉得 / 难 / 我 / 很   ➡ _____。

(4) 병마용에 대해 어떻게 생각해?

觉得 / 兵马俑 / 你 / 怎么样   ➡ _____?

4 다음 제시된 단어를 이용하여 문장을 만들어 보세요.

(1) 如果… 就… / 天气 / 旅游   ➡ _____。

(2) 如果… 就… / 身体 / 休息   ➡ _____。

(3) 先… 然后… / 洗手 / 吃饭   ➡ _____。

(4) 先… 然后… / 玩儿 / 吃烤鸭   ➡ _____。

5 다음 주요 단어를 획순에 따라 써 보세요.

对
duì
~에 대하여

感
gǎn
느끼다

感兴趣 gǎn xìngqù 흥미를 느끼다

然
rán
그렇다, 이와 같다

先…然后… xiān…ránhòu… 먼저 ~하고 그러고 나서 ~하다

详
xiáng
상세하다

详细 xiángxì 상세하다, 자세하다

觉
jué
느끼다

觉得 juéde 느끼다, ~라고 생각하다

保 bǎo 보존하다

保 保 保 保 保 保 保 保 保

保存 bǎocún 보존하다

完 wán 완전하다

完 完 完 完 完 完 完

完整 wánzhěng 완전무결하다

更 gèng 더, 더욱

更 更 更 更 更 更 更

遗 yí 남기다

遗 遗 遗 遗 遗 遗 遗 遗 遗 遗 遗 遗

遗址 yízhǐ 유적

惜 xī 안타깝다

惜 惜 惜 惜 惜 惜 惜 惜 惜 惜 惜

可惜 kěxī 안타깝다, 아깝다

请把后备箱打开一下!

1 다음 빈칸에 알맞은 단어를 써 보세요.

(1) 请把后备箱 dǎkāi yíxià
_____。

(2) 我 bǎ chē _____ 开过来。

(3) bù dǔchē de huà
_____, 需要两个小时。

(4) 我 bāng nǐmen _____ 放行李箱吧。

2 다음 제시된 단어를 보고 알맞은 한어병음과 연결해 보세요.

(1) 后备箱 ·   · **A** dǔchē

(2) 打开 ·   · **B** huānyíng

(3) 欢迎 ·   · **C** dǎkāi

(4) 堵车 ·   · **D** hòubèixiāng

3 다음 제시된 중국어를 한국어 해석에 맞게 재배열하여 문장을 완성해 보세요.

(1) 차문 좀 열어 주세요.

车门 / 请 / 打开 / 把 / 一下　　➡　_____。

(2) 과제를 가지고 오세요.

作业 / 把 / 请 / 过来 / 拿　　➡　_____。

(3) 공항까지 얼마나 걸리나요?

机场 / 需要 / 到 / 多长时间　　➡　_____?

(4) 제가 여행 가방 싣는 걸 도와드릴게요!

放 / 我 / 行李箱 / 帮 / 您　　➡　_____!

4 제시된 단어의 알맞은 위치를 골라보세요.

(1) 的话　　Ⓐ 天气好 Ⓑ , 我们 Ⓒ 去旅游。

(2) 把　　你 Ⓐ 雨伞 Ⓑ 拿 Ⓒ 出来。

(3) 来　　请你把车 Ⓐ 开 Ⓑ 过 Ⓒ 。

(4) 去　　你把 Ⓐ 行李拿 Ⓑ 上 Ⓒ 。

5 다음 주요 단어를 획순에 따라 써 보세요.

把 bǎ 잡다	把 把 把 把 把 把 把 把　　把

箱 xiāng 상자, 트렁크	箱 箱 箱 箱 箱 箱 箱 箱 箱 箱 箱 箱 箱 箱 箱 箱　　箱 后备箱 hòubèixiāng (자동차) 트렁크

行 xíng 가다, 여행(의)	行 行 行 行 行 行 行　　行 行李箱 xínglǐxiāng 여행 가방, 캐리어

堵 dǔ 막히다	堵 堵 堵 堵 堵 堵 堵 堵 堵 堵 堵 堵　　堵 堵车 dǔchē 차가 막히다

排 pái 줄, 배열하다	太 太 大 太 排　　排 安排 ānpái 일정, 스케줄

空 kōng (속이) 비다

空 空 空 空 空 空 空 空

空　空

盘 pán 큰 접시

盘 盘 盘 盘 盘 盘 盘 盘 盘 盘

盘　盘

空盘子 kōng pánzi 빈 접시

送 sòng 보내다

送 送 送 送 送 送 送 送 送

送　送

随 suí 따르다

随 随 随 随 随 随 随 随 随 随 随

随　随

随时 suíshí 아무 때나, 수시(로)

找 zhǎo 찾다

找 找 找 找 找 找 找

找　找

1 다음 빈칸에 알맞은 단어를 써 보세요.

zài dēngjī zhīqián

(1) _____, 去免税店逛一逛。

tīngshuō

(2) _____ 韩国化妆品很有名。

yí ge lǐwù

(3) 我想送给朋友 _____。

kàn yi kàn

(4) 请随便 _____。

2 다음 제시된 단어를 보고 알맞은 한어병음과 연결해 보세요.

(1) 保湿 ·   · **A** tīngshuō

(2) 衰老 ·   · **B** shuāilǎo

(3) 听说 ·   · **C** bǎoshī

(4) 随便 ·   · **D** suíbiàn

3 다음 제시된 중국어를 한국어 해석에 맞게 재배열하여 문장을 완성해 보세요.

(1) 그녀에게 남자친구가 생겼다고 들었어.

男朋友 / 她 / 听说 / 有 / 了　➡ _____。

(2) 추천 좀 해 주세요.

推荐 / 您 / 请 / 一下　➡ _____。

(3) 내일 눈이 온다고 들었어.

下雪 / 听说 / 明天 / 要　➡ _____。

(4) 나 이 화장품 사고 싶어.

这个 / 想 / 我 / 化妆品 / 买　➡ _____。

4 다음 제시된 단어를 이용하여 문장을 만들어 보세요.

(1) 在…之前 / 考试 / 复习　➡ _____。

(2) 在…之前 / 吃饭 / 洗手　➡ _____。

(3) 不仅… 而且… / 漂亮 / 聪明　➡ _____。

(4) 不仅… 而且… / 美白 / 保湿　➡ _____。

5 다음 주요 단어를 획순에 따라 써 보세요.

登 dēng 오르다	登登登登登登登登登登登登 登　登
	登机 dēngjī 탑승하다

但 dàn 그러나	但但但但但但但 但　但

系 xì 계열, 계통	系系系系系系系 系　系
	系列 xìliè 계열, 시리즈

湿 shī 습하다	湿湿湿湿湿湿湿湿湿湿湿湿 湿　湿
	保湿 bǎoshī 보습하다

效 xiào 효과	效效效效效效效效效效 效　效
	效果 xiàoguǒ 효과

抗 kàng 막다, 저항하다	抗 抗 抗 抗 抗 抗 抗 抗　抗

衰 shuāi 쇠하다, 약하다	衰 衰 衰 衰 衰 衰 衰 衰 衰 衰 衰　衰

老 lǎo 늙다	老 老 老 老 老 老 老　老 衰老 shuāilǎo 노화하다

稍 shāo 조금, 약간	稍 稍 稍 稍 稍 稍 稍 稍 稍 稍 稍 稍 稍　稍

聪 cōng 영리하다	聪 聪 聪 聪 聪 聪 聪 聪 聪 聪 聪 聪 聪 聪 聪 聪　聪 聪明 cōngming 영리하다, 똑똑하다

这次旅行怎么样?

1 다음 빈칸에 알맞은 단어를 써 보세요.

fànwéi

(1) 考试的 _____ 很多。

fàngjià de shíhou

(2) _____, 我也想去中国旅行。

kǎoshì

(3) 要 _____ 了。

fùxí jiù xíng

(4) 现在开始 _____。

2 다음 제시된 단어를 보고 알맞은 한어병음과 연결해 보세요.

(1) 有意思 ·   · **A** jǐnjǐn

(2) 仅仅 ·   · **B** yǒu yìsi

(3) 行程 ·   · **C** fànwéi

(4) 范围 ·   · **D** xíngchéng

3 다음 제시된 중국어를 한국어 해석에 맞게 재배열하여 문장을 완성해 보세요.

(1) 영화가 곧 시작한다.

要 / 电影 / 了 / 开始   ➡ _____。

(2) 주말에 여행 간다.

旅行 / 周末 / 的时候 / 去   ➡ _____。

(3) 나는 아직 시험공부 안 했어.

还 / 我 / 复习 / 没有   ➡ _____。

(4) 아직 3주 정도의 시간이 남았어.

还 / 时间 / 三周的 / 我们 / 有 ➡ _____。

4 다음 제시된 단어를 이용하여 문장을 만들어 보세요.

(1) …的时候 / 感冒 / 休息   ➡ _____。

(2) …的时候 / 坐地铁 / 听音乐   ➡ _____。

(3) 虽然… 但是… / 好吃 / 贵   ➡ _____。

(4) 虽然… 但是… /玩儿游戏/玩儿得不好 ➡ _____。

5 다음 주요 단어를 획순에 따라 써 보세요.

虽 suī 비록 ～이지만	虽 虽 虽 虽 虽 虽 虽 虽 虽 虽　虽 虽然…但是… suīrán…dànshì… 비록 ～이지만, ～하다
仅 jǐn 겨우, 단지	仅 仅 仅 仅 仅　仅 仅仅 jǐnjǐn 겨우, 단지
程 chéng 순서, 여정	程 程 程 程 程 程 程 程 程 程 程 程 程　程 行程 xíngchéng 여정, 스케줄
方 fāng 곳, 지방	方 方 方 方 方　方 地方 dìfang 장소, 곳
范 fàn 범위, 제한	范 范 范 范 范 范 范 范 范 范　范

围
wéi
둘레, 주위

围围围围周围围

范围 fànwéi 범위

就
jiù
곧, 바로

就就就就就就就就就就就就

冷
lěng
춥다

冷冷冷冷冷冷冷

广
guǎng
넓다

广广广

播
bō
전파하다

播播播播播播播播播播播播播播

广播 guǎngbō 라디오 방송

MEMO

MEMO

MEMO

MEMO

MEMO

똑똑
중국어
STEP 2

이름

외국어 출판 40년의 신뢰
외국어 전문 출판 그룹
동양북스가 만드는 책은 다릅니다.

40년의 쉼 없는 노력과 도전으로 책 만들기에 최선을 다해온 동양북스는
오늘도 미래의 가치에 투자하고 있습니다.
대한민국의 내일을 생각하는 도전 정신과 믿음으로 최선을 다하겠습니다.

📖 동양북스 추천 교재

일본어 교재의 최강자, 동양북스 추천 교재

회화 코스북

일본어뱅크 다이스키
STEP 1·2·3·4·5·6·7·8

일본어뱅크
좋아요 일본어 1·2·3·4·5·6

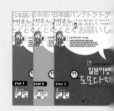

일본어뱅크 도모다찌
STEP 1·2·3

분야서

일본어뱅크
좋아요 일본어 독해 STEP 1·2

일본어뱅크
일본어 작문 초급

일본어뱅크
사진과 함께하는
일본 문화

일본어뱅크
항공 서비스 일본어

가장 쉬운 독학
일본어 현지회

수험서

일취월장 JPT
독해·청해

일취월장 JPT
실전 모의고사 500·700

일단 합격하고 오겠습니다
JLPT 일본어능력시험
N1·N2·N3·N4·N5

일단 합격하고 오겠습니다
JLPT 일본어능력시험
실전모의고사 N1·N2·N3·N

단어·한자

특허받은
일본어 한자 암기박사

일본어 상용한자 2136
이거 하나면 끝!

일본어뱅크
좋아요 일본어 한자

가장 쉬운 독학
일본어 단어장

일단 합격하고 오겠습니
JLPT 일본어능력시험
단어장 N1·N2·N3

중국어 교재의 최강자, 동양북스 추천 교재

중국어뱅크 북경대학 신한어구어
1·2·3·4·5·6

중국어뱅크 스마트중국어
STEP 1·2·3·4

중국어뱅크 집중중국어
STEP 1·2·3·4

중국어뱅크
버전업 사진으로
고 배우는 중국문화

중국어뱅크
문화중국어 1·2

중국어뱅크
관광 중국어 1·2

중국어뱅크
여행실무 중국어

중국어뱅크
호텔 중국어

중국어뱅크
판매 중국어

중국어뱅크
항공 실무 중국어

정반합 新HSK
1급·2급·3급·4급·5급·6급

일단 합격 新HSK 한 권이면 끝
3급·4급·5급·6급

버전업! 新HSK
VOCA 5급·6급

가장 쉬운 독학
중국어 단어장

중국어뱅크
중국어 간체자 1000

특허받은
중국어 한자 암기박사

📖 동양북스 추천 교재

중고급 학습

첫걸음 끝내고 보는 프랑스어 중고급의 모든 것

첫걸음 끝내고 보는 스페인어 중고급의 모든 것

첫걸음 끝내고 보는 독일어 중고급의 모든 것

첫걸음 끝내고 보는 태국어 중고급의 모든 것

첫걸음 끝내고 보는 베트남어 중고급의 모든 것

단어장

버전업! 가장 쉬운 프랑스어 단어장

버전업! 가장 쉬운 스페인어 단어장

버전업! 가장 쉬운 독일어 단어장

가장 쉬운 독학 베트남어 단어장

여행 회화

NEW 후다닥 여행 중국어

NEW 후다닥 여행 일본어

NEW 후다닥 여행 영어

NEW 후다닥 여행 독일어

NEW 후다닥 여행 프랑스어

NEW 후다닥 여행 스페인어

NEW 후다닥 여행 베트남어

NEW 후다닥 여행 태국어

수험서 · 교재

한 권으로 끝내는 DELE 어휘 · 쓰기 · 관용구편 (B2~C1)

수능 기초 베트남어 한 권이면 끝!

버전업! 스마트 프랑스어

일단 합격하고 오겠습니다 독일어능력시험 A1 · A2 · B1 · B2